离开前
请叫醒我

卢思浩
作品
LUSIHAO'S WORKS

湖南文艺出版社
HUNAN LITERATURE AND ART PUBLISHING HOUSE

/ 多年以后，愿你我都能过得更像自己 /

这本书里有很多故事，是我的，是我朋友的，也是你的。我们的生活都不同，却还是会因为同样的东西感动。或许我们也会在某个下午，在不同的地方看着同样的书。

对一个作者来说，这是件让我无比喜悦的事。

我在高中时喜欢一个姑娘，喜欢到连大学志愿都要跟她填一样的程度，喜欢到只要是她喜欢的歌我都会去学的程度。毕业前我们约好一起去看演唱会，但我却和她失去联系。直到2010年，我才一个人去看了那场想看的演唱会。那天南京下大雨，全场人都在陪台上的五个人淋雨。我心想，不知道她有没有来看演唱会，不知道她有没有带伞。

我不知道，我没法知道。

大学时我常熬夜，几乎每天天亮我还醒着。这时候我的室友一定会来敲我的门，一脸憔悴地一边拉我去吃早饭，一边吐槽今晚的任务做不完。我也打着哈欠被他拉出门，那时虽然难熬，但看到身边有人跟我一起醒着，总觉得是种安慰。

刚开始写东西的时候，读者只有三两个。李婧是其中一个，她每篇文都会看，还会给我很多意见和反馈，比我还认真。有一天我们聊天，我问她她的梦想是什么。她说就想开个小店，轻轻松松过活，绝对不要像我，每天活得这么累。

然后她特别诚恳地说，坚持下去吧，不管别人怎么说，坚持下去。一年不行就两年，两年不行就三年，你一定可以的，老娘相信自己的眼光。

我坚持了五年，如今新书要面世，我却找不到她了。

我回头看时，只有她给我的留言还在：

往后的日子或许好或许苦，谁都不知道，但大多会比学生时代苦些。我们都有好运气，但我们都没有那么好的运气。我们都会在自己选的路上一路挣扎一路前行，只愿这条路上有人陪你。

我知道有人陪伴是多么幸福的事，所以我一直在这里，絮絮叨叨地说着那些我觉得重要的事。希望你在自己难过的时候，在觉得自己不堪一击的时候，也有人能陪你。

我们每时每刻都在成长，尽管有些成长你根本不想要，有些代价你根本不想承受。于是我们只能一点点抽离以前的自己，酒后痛哭的自己，在操场看日落的自己，笨拙的自己，迷路的自己。但你要保留住一些东西，让你得以还是你自己。

我想，这些陪伴过我的人，都让我得以保留住了这些东西。

我们都有自己的梦想，然后踏上了自己选的路。

我们都不是被上天挑中的那类人，也不能保证自己天赋异禀，偏偏又贪心想要按照自己的方式活着，于是我们都在纠结彷徨中咬着牙向前走。

如果你不知道自己想做什么，就先把身边的事做好；不知道自己能去哪里，就先走好现在的路；不知道自己会遇到谁，就先学会善待身边的人；不知道现在做的有没有意义，至少先确定自己不是什么都没做。迷雾里你或许只能看见眼前的五米，但这五米一步一步走下来，雾就会慢慢散了。等待和拖延只会夺走你的动力。

总有段时间你的心情会特别差，发现自己走在弯路上，总有人捅刀子，觉得未来遥遥无期。

好在这个时候我都能想到这些基友，还有在相同处境中奋斗的你。

正是因为这些人，让我没有缘由地相信，未来一定会变好；正是这帮浑蛋，让我觉得世界没有那么糟。

希望这本书可以陪你一段路。

之后不再需要这本书了，我也觉得开心。

就这么努力下去吧。

多年以后，愿你我都能过得更像自己。

目 录 · Contents

一

目 录 · Contents

目 录 · Contents

离　开　前　请　叫　醒　我

你是午夜误点的乘客，而他偏偏也选了这班车。

READING GUIDE

background music

BGM：周杰伦《稻香》

BGM：李玖哲《夏天》

BGM：Eninem/Sia *Beautiful Pain*

*提供适合阅读本篇文章的背景音乐

reading text

*扫描二维码可进入文章朗读页面

one

/ 离别时别回头 /

我和我妈的默契就是每天我到家时她已经在我的水壶里倒满了水，每次我离开家时都会给她买上一堆她爱吃的零食。两人彼此也没有什么交流，从来不腻歪。

不知道为什么，我总是不懂应该怎么对家人表达感情。越是至亲，就越是不知道说什么。或许因为扭捏，或许因为害羞，我总是什么都不说。

这么多年，我从墨尔本漂到堪培拉，从堪培拉漂到北京，来来回回刚开始离家时总是兴奋异常，充满期待；到后来无论一路上是好还是不好，总是会想着家。对一个城市的归属感就是：无论你在一路上多么颠沛流离，你都知道有人会在这里等着你回来。

漂了七年多。每次回国又不在家里久待，不是全国到处跑就是和朋友隔三岔五聚会。那时只觉得和朋友在一起的时间很宝贵，却忘了跟家人在一起的时间也在做减法。最近这几年因为工作，我住了不下五十家酒店，去了不下五十个地方，可每次都忘了给家里打电话。

也许是天性就有漂泊的基因，在外面忙的时候从来不觉得太苦，所以从很小的年纪起就甘愿一直离家那么远；也许是天性被梦想所困，所以才一直认为那渺小的故乡，永远放不下我们的梦想。

曾经以为在一个地方住得够久，你总能扎下根来，你总能产生类似于故乡的感情。的确在某种程度上，你选择在一个城市生活，它就会变成你的一部分。可我总还是会想起小时候经过的走廊，打过篮球的篮球场，搬的那么几次家。哦，对了，还有我最爱吃的小龙虾和阳澄湖螃蟹。

每次开始想念这些美食时，我总觉得是自己饿了。后来才明白，我是开始想家了。
想念一个城市，大概都是想念那些细节，和城市里的人。

或许也是因为到了这个年纪，有些自然规律悄然而至，变成你一辈子逃不开的命题。那些遥远的事情越来越近，有些东西你要么不去在意，要么就会变成你心头的一根刺，永远拔不掉。

我们都长大了，有时真的不知道这是一件好事还是坏事，但我们都知道这是一个没法逆转的事实。我只是觉得无论我成长得多快，和爸妈逐渐老去的速度相比，始终都太慢了。所以我只想拼命跑拼命跑，跑到我可以完全照顾自己的那天，跑到我不再需要向爸妈开口要钱的那天，跑到我可以依靠自己的力量支撑起整个家的时候。

每当我想到这些时，就觉得磕磕绊绊、跌跌撞撞都没什么可怕的。

只是偶尔地，收拾行李的时候还是免不了伤感，每次在家的时候不觉得，真要离开时才能懂家到底是什么。

爸妈有时也会去机场送我，这些年我跟机场打过太多交道。送别时总是看着人走，离开时总是我先扭头。舍不得好友孤身离开，又没法真的送到海关，就只能目送他拿着行李渐渐从视线中消失；见不得爸妈伤感，所以就算难过也不回头。随着长大，有些情绪越来越难说出口，比如不舍，比如难过。

所以跑吧，既然选择了远方，就跑完这条路吧。说不出口的，就用行动证明吧。

漂泊的人总要回家的，离开都是为了更好地回来，我们都要对得起那个选择漂泊的自己，和支持你漂泊的身后的那些人。

▶▶　BGM：　周杰伦《稻香》

two

/ 他们看起来是在关心你，
其实他们关心的只是自己 /

随着年龄增大，身边渐渐出现一类人：你完成了自己的目标发些感慨，他们就会说这不算什么；你说起自己喜欢的书和电影，他们就会说这些很一般；你发了一张照片，他们就会说你整天就知道玩乐；你准备做一件事情，他们就会说你坚持不下去的。

尤其是在这样一个尴尬的年纪里，我们必须做选择。你长大了毕业了一个人选择奋斗，奋斗了很久也算小有成就，却因为迟迟没有结婚对象就变成他们的谈资；你认真地考虑了选择去一个比较遥远的城市，起步艰难时有碰壁但你也算有冲劲，却因为他们不喜欢就成活在自己的年纪里，看自己身边的风景。喜悦也好快乐也好，都自己去体会；迷茫也好焦虑也好，都自己去忍受。和聊得来的人聊天，做眼前摆着的事，对自己负责，不去别人的生活里随意指手画脚，也不被轻易影响。

为他们攻击的对象。

是的，我要说的词就是攻击。很多人在说话时，总以为自己是为了别人好，于是肆无忌惮、变本加厉。

他们根本不知道你全部的故事，他们也不在意你是否乐在其中，他们只看结果。最可怕的是往往结果还没出来，你的未来还有很多可能性时，他们就会给你盖棺论定。

你原本向往的东西，被毁得面目全非。你期待梦想和爱情，却发现很多人都在鄙夷和嘲笑这些看起来不值得奋斗的事情。

他们看起来在关心你，却又在期待你跌倒、期待你着急。他们期待你那看起来不值得奋斗的感情和梦想破灭，这样他们就能说："看，我早就告诉你了。"

多扬扬自得，多理直气壮。

"我从不认真投入一份感情、一份爱，所以我一直很安全。"
"你看我多聪明。"

我想说的是，这不叫聪明，这叫懦弱。你说的那些话，也不叫关心，叫指手画脚。

一盆盆冷水就像一把把刀，有着超乎想象的杀伤力。这世界本就该百花齐放，可我们却亲手扼杀了太多。不过只是还没有结婚而已，不过只是选择了考研而已，不过只是选择了梦想而已，不过只是还不知道自己想要什么而已，不过只是想要安逸而已，不过只是没有按照他们的样子活着而已，凭什么就一定要被批判？

越在乎一个东西，这个东西越容易变成你的软肋。当别人不在乎这件东西时，你就会受到伤害，比如尊严。要么不再在乎那些，要么就变得强大一些。自己在乎的东西，只能自己去守护。我希望你坚持下去，为此你需要变得更强，比如梦想，比如感情。

对于习惯泼冷水并以此沾沾自喜的人，我知道他们的本性或许并不坏，可就是怎么都喜欢不起来。我也知道有些时候他们说的是对的，只是这些话从他们嘴里说出来毫无说服力。没有努力过的人，没有资格去鄙视那些正在努力的人。你不能因为自己变成了一个不痛不痒的人，就去嘲笑那些爱恨分明的人。

所以如果你是个过来人，请不要给正在进行中的人泼冷水，不管是社团活动还是旅行，不管是考研还是唱歌。即使你在这件事上有发言权，也不要觉得他们做的只是小菜一碟进而不屑一顾。只要一个人在用心地、认真地做一件事，不管这件事在你看来多渺小、多轻而易举，都值得真心去鼓励。

我太了解这些鼓励有多重要了，因为我曾经在最困难的时候有一帮朋友守着我。我希望你也可以成为这样的人，先去了解一些事情，然后再去谈论这件事。

活在自己的年纪里，看自己身边的风景。喜悦也好快乐也好，都自己去体会；迷茫也好焦虑也好，都自己去忍受。和聊得来的人聊天，做眼前摆着的事，对自己负责，不去别人的生活里指手画脚，也不被轻易影响。

不要去打扰别人的小幸福，也不要去嘲笑别人的梦想，只要那些人真的是在努力。

▶▶ BGM：蔡健雅《被驯服的象》

three　　　　　　　/ 你等的人，等你的人，
　　　　　　　　　　都是懂你的那一个 /

1

从前有只很可爱的汪星人，因为单身太久，所以被大家笑话，被叫成单身狗。

这只单身狗受不了身边的同伴秀恩爱，拿着骨头就离家出走了，心想：我一定也能找到真爱。

于是他开始游历各国。

之所以带着骨头，一是因为他爱吃，二是因为这只呆萌的汪星人曾经听一个矫情逼卢思浩说过：喜欢一个人就是愿意把自己最爱的东

你也曾飞蛾扑火，也曾披荆斩棘，也曾被不屑一顾，也曾不屑一顾过别人。你也爱过，也被爱过；你安慰过，也被安慰过，这世界并没有特别亏待你。

跌跌撞撞后才能明白，你等的人、等你的人，都是懂你的那一个。

西分享给她。

2

汪星人很快遇到了一只兔子。

兔子很可爱，汪星人感觉自己很高大，想要保护兔子。

他把自己带来的骨头都给了兔子，兔子眨巴眨巴眼睛，问："你给我这么多骨头干什么？"

汪星人说："因为我最喜欢这些骨头了。"

兔子尝了尝骨头，说："这些骨头一点都不好吃，但是既然你送了这么多骨头给我，那我也给你一些胡萝卜吧。"

汪星人尝了口胡萝卜，心想：这胡萝卜是什么，啊啊啊啊……还是我的骨头好吃，我……我……我……可以向兔子拿回我的骨头吗？
想想都送给人家了，汪星人脸皮薄不好意思拿回来，就带着胡萝卜继续上路。

3

汪星人很快遇到了长颈鹿。

长颈鹿炫酷又威风凛凛，很快汪星人就崇拜上了长颈鹿。
可是他没了骨头，不知道该怎么和长颈鹿说话，就默默地陪在长颈鹿身边。
不管晴天还是雨天，汪星人都陪着长颈鹿，即使感冒发烧也没有离开。

后来有一天天气很好，汪星人想着是时候对长颈鹿说些什么了，然后他抬起头看向长颈鹿，却被太阳晃了眼。
他在原地打滚，好不容易缓过来偷瞄长颈鹿，才发现长颈鹿从来没注意到他。

他心想算了，长颈鹿又高又冷，每天都要仰着头才能看到长颈鹿，一定会得颈椎病，于是他带着一口没动的胡萝卜又继续旅程。

4

也不是没有人喜欢上汪星人。

比如一只小狐狸。

小狐狸偷偷跟汪星人走了好远，趁着汪星人休息，把自己偷来的一车葡萄都送给了汪星人。

汪星人心想，小狐狸这么诚恳，还是收下些吧。

小狐狸看汪星人收下了葡萄开心极了，因为太开心，她没有注意到汪星人已经走远了。

汪星人尝了口葡萄，心想：这葡萄是什么，啊啊啊啊……还是我的骨头好吃，我为什么把所有的骨头都送给了兔子呢？不行，我要打个滚哭一会儿。

小狐狸心想：哈哈哈哈，汪星人收了我的葡萄，他收下了我的礼物，一定还是喜欢我的，啦啦啦啦啦，我一定要找到他。

5

汪星人遇到了喵星人。

汪星人心想，终于遇到比我矮的矮货了，我可以欺负一下别人了。

然后汪星人落荒而逃，这只喵星人最后和一个叫小马甲的人在一起了。

汪星人遇到了扑火的飞蛾。

他对飞蛾说："飞蛾，那是火，你扑过去会死的。"

飞蛾说："我知道啊。"

汪星人摇摇头，没再劝，心想，自己也曾经这样陪过一个人。

汪星人遇到了另外一只灰色的兔子。

兔子看到他带着一车胡萝卜，黏上了汪星人。

汪星人看兔子陪他走了一路，就把胡萝卜都送给了兔子。

汪星人心想：这些胡萝卜是我拿骨头换来的，反正我也不喜欢，不如把它给喜欢它的人吧。哈哈哈，轻松了。

兔子心想：这个人对我真好。

其实汪星人只是给了她自己不需要的东西而已。

6

这个汪星人穿山渡河，翻山越岭，爱过也被爱过，被伤害过也不经意地伤害过别人。

然后这个汪星人垂头丧气地准备回家，遇到了另外一个汪星人。

另外这个汪星人有一车骨头，他觉得这一车骨头很眼熟，就问她："你这一车骨头是哪儿来的？"

她说："我看到有只小兔子守着一堆骨头正发愁，我就把骨头买下来了。"

汪星人问："这么好吃的骨头，为什么她会发愁？"

她说："你珍视的东西不代表别人也喜欢，别人珍视的东西你或许也不屑一顾。而你喜欢的东西也是我喜欢的，我想分享给你的也是你想要的。"

小狐狸没有找到汪星人，找不到了；小灰兔没有等到汪星人，等不到了。

长颈鹿没有在意汪星人，因为她找的不是他；小白兔没有喜欢汪星人，因为她不喜欢骨头。

没什么公平不公平。

你也曾飞蛾扑火，也曾披荆斩棘，也曾被不屑一顾，也曾不屑一顾过别人。你也爱过，也被爱过；你安慰过，也被安慰过，这世界并没有特别亏待你。

跌跌撞撞后才能明白，你等的人，等你的人，都是懂你的那一个。

▶▶ BGM： 李玖哲《夏天》

four / 因为你自己喜欢 /

冬天最爱的三样东西：火锅、周黑鸭和围巾。前两样因为祛痘，不得已忌了口。后一样则无论风吹还是雨打，一直都能带在身边。

我对围巾一直有种特殊的偏爱，有一天我在上海从徐汇去浦东，一路地铁坐到了浦东机场站。我心想有什么不对，猛然一低头，发现围巾没有戴，愣是沿着原方向一路坐了回去。

那天我由衷地感叹：他娘的上海真的是太大了。

那天跟我约好的老陈也由衷地感叹：他娘的卢思浩真的是一个神经病。

因为一个人喜欢一首歌，喜欢一本书，喜欢一部电影，喜欢一座城市。然后或许带你走进这些的人很快就消失在你的生活里，直到时间模糊了他们的长相。把这些歌、这些电影、这些习惯保留下来，不是因为放不下，而是因为自己喜欢。

在我还没变成这样一个神经病之前，我很不喜欢戴围巾。因为这东西太过臃肿，作为一个活了二十多年从没穿过秋裤的人，一身轻松才是我的毕生追求。

但在我的毕生追求中，出现了一个姑娘，彻底打乱了我的计划。

我的逗逼精神从小学开始，一直延续到了现在。在我的高中时代，这种精神具体体现在我非常爱看打雷。本着科学求知的精神，我很单纯地好奇如果被雷劈到，是不是可以打通任督二脉，从此走向人生巅峰。而我又最喜欢末日景象，那年头的教室没有空调，只有电扇，解救夏天的闷热只有时不时的雷雨才可以做到，明明只是下午的天气，却暗得像午夜。

这种时刻小伙伴们都在教室里做题，只有我执着地趴在教室外的栏杆上，盼望着下雨。很长一段时间里，整个楼层只有我一个人会这么做，直到某天我不经意地看向右边。我发现了一个姑娘，她也在等打雷。

爱看打雷的人应该不多，在同一时刻等打雷的人应该更少，而这个人就在你的十米之外，加上她还是个漂亮的姑娘。这叫作什么，这叫作缘分啊，朋友！

我把老陈拉出来，指了指旁边的姑娘，跟他诉说了我爱上这个姑娘的过程。

老陈一听突然兴奋起来，说："你赶紧去追人家姑娘，以后周末就叫上我和大丁。你们在我们面前秀恩爱，然后大丁就会受到触动，然后我就能追到大丁了！"

我说："得了吧你，那你现在去和大丁说话啊！你连一句话都不敢和她说，还想追她。"

老陈没听进去，对我说："趁现在快去认识一下。"

我说："一般的认识方式不够炫酷，待我想个更炫酷的，我要让她觉得我不一样。"

我回家之后苦思冥想，终于想出了一个炫酷的认识方式。

那天我和老陈交代了一下计划，老陈听完后瞪大了双眼，说："你个神经病，至于这么大费周章吗！"

我说："这样才像邂逅啊！"

计划是这样的：

我们学校六点半上晚自习，姑娘每天六点一刻才去吃饭，巧妙地避开了高峰期，但也压缩了吃饭时间。那天我和老陈跟在姑娘身后，我拍拍口袋对着老陈说："啊，老陈，我忘记带饭卡了。"老陈也拍拍口袋说："啊，卢思浩，我也没带！"

兴许是《还珠格格》看得太多，至今回想起来我们当时的语气，完全就是尔康第二版，但我乐在其中。

我说："那我们去向前面的同学借吧。"

老陈说："好啊。"

我拍拍姑娘的肩膀："姑娘，我们刚才说什么，你听到了吗？"

姑娘说："废话，你们两个说这么大声，全操场都听见了好吗！"

我们一起买饭，买完后各自找了位置坐。眼看我的搭讪计划要泡汤，我赶紧把包子叫了过来，姑娘快要吃完时，我给包子使了个眼色。

包子心领神会，拍案而起："卢思浩，你叫我来吃饭，你居然没带饭卡！"

我说："我没想到老陈也没带，你等等，我去向刚才那个姑娘借！"

于是我走到姑娘面前："姑娘，我们刚才说什么，你听到了吗？"

姑娘说："废话，你们两个说这么大声，全食堂都听见了好吗！"

姑娘有些为难，说："我马上要回去上晚自习了，借给你们，我怕来不及……"

我心说，等的就是这句。

我说："那你把你的小灵通号码告诉我，晚上我发信息给你，然后还你饭卡。"

姑娘想了想，说："那好吧。"

然后她把自己的小灵通号码告诉了我。

那一瞬间我感觉自己的智商达到了巅峰。

就这样，我和姑娘正式认识了。

她说自己喜欢"五月天"，我说这么巧我也是，然后回家恶补"五月天"的信息。

她说自己每天起得早都会早点来学校，我说这么巧我也是，然后从此开始早起。

她说自己住城南，我说这么巧我也是，然后每天晚上送她回家，再一路狂奔回我在城东的家。

那时候喜欢一个人，就是送她回家不管东南西北都顺路。

那时候喜欢一个人，就是陪她吃饭不管酸甜苦辣都爱吃。

那时候不管做什么事，都特意想突出一个"巧"字。我希望她喜欢的正好是我喜欢的，她爱吃的正好是我爱吃的，她去学校的时间正好是我平时的时间，就连我遇见她这回事也正好是我没带饭卡。

这样姑娘一定会认为我们两个之间所有的故事，都是因为缘分。

有些恰到好处是他的费尽心机，有些偶然相遇是蓄谋已久，有些理所当然是因为喜欢。

有时候翻山越岭，就为了和她在一个路口相遇，然后可以假装不经意地说一句："好巧。"

这是我自以为是的浪漫，这是我想让她觉得我和别人不一样的地方。

兴许一些不同能让她对我记忆深刻，这样的想法贯穿始终。

很快到了我的生日，大约在冬季。

生日前夕，我随意跟姑娘说了句想要个生日礼物，随意到我自己都忘了说过要生日礼物。

那天我在校门口等她回家，从九点半等到了十点，小灵通发信息她也不回。生日夜却见不到她，我特别失望。

正当转身要走时，我听到有人在背后叫我，我刚回头还没来得及反应，姑娘一把把围巾给我戴上了。

是一条大红围巾。

那一瞬间我居然不知道说什么，心里满是欣喜嘴上却嘟囔着这围巾不好看。

姑娘一时上火，伸手就要把围巾拿下来，我说就不摘。

于是我们绕着操场跑了好几圈。

很多年后我回想起这个场景，觉得特傻，又不知道为何觉得特别浪漫。

后来我把姑娘送回家后，一个人骑车回家。明明是冬天，我却一点也不觉得冷。

那天晚上我决定换个小灵通，一定要买最高级的那种，一定要可以存一百条短信的那种！我想把跟她的聊天短信尽可能多地保存下来，为此我省吃俭用，外加不要脸地蹭了姑娘两顿饭。

因为常和她见面，本来不戴围巾的我开始每天戴围巾，而且自己研究出了围巾的七种不同戴法。再加上我那时喜欢穿大衣，老陈说我每次出现都有种《上海滩》的即视感。

我说："以后每年的冬天，我都要戴围巾。"

再过一年，我要出国了。

姑娘很早就知道我要出国的消息，也是她一直鼓励我，我才坚定了这个想法。

高三的冬天，姑娘要上高三下学期，我要飞去墨尔本。那个寒假，姑娘给我织了一条蓝色的围巾，让我把红色的还给她，她想自己戴，这样我们两个人就还算是有着关联。

那天我对姑娘说："等你们高考完，我一定会回来给你唱《温柔》。"

姑娘点头，说："等你回来，我们一起去看场演唱会。"

最后，我还是没来得及把红围巾还给她。

高三的寒假特别短，短到我还没来得及好好告别，她就不得不去面对6月即将到来的庞然大物。

到了墨尔本之后，我买了一把吉他，开始每天练习《温柔》。

于是我的室友在每次我拿起吉他的一瞬间都夺门而出。

浑蛋，给我点面子好不好!

我从来就没有什么音乐天分，即使这首歌我反复练习，也没有练出想要的效果。但我还是一天天数着回国的日子，终于在回国之后，高考结束那天我骑着自行车，飞奔去了学校。

那天我背着吉他，觉得自己一定是整个学校里最帅的人。

可我没有找到她。

我不甘心，就给她的小灵通发了条短信，说我第二天在学校里等你，要唱歌给你听。

第二天一早，我就拉着老陈和包子去了学校，三个人都没得及吃早饭，拿着小笼包外卖一路飞奔。到了班级门口，我拿起吉他开始练，一边抓紧最后的时间记歌词，一边排练要对姑娘说的话。

从早上排练到下午，从下午排练到影子被夕阳拉得很长，姑娘还是没有出现。而我不知道为什么，没有打电话给她。

那天下午我唱：那爱情的绮丽，总是在孤单里。

那天下午老陈唱：世界若是那么小，为何我的真心你听不到。

那天下午包子唱：苍茫的天涯是我的爱……

那天下午包子拍着我的肩膀说："别难过，她没听到也是好事，你唱得实在是很难听……"

我给了他一个白眼，拍了拍老陈的肩膀："我不难过，你听老陈唱得更难听。"

然后我拿起吉他从头开始唱："走在风中今天阳光突然好温柔，天的温柔地的温柔像你抱着我。"而我心里跑过的字幕是：你大爷的，她从没抱过我，温柔你妹啊，温柔，啊啊，我不管，啊啊啊，一点都不温柔。

6月即将进入盛夏，所有人都不知道为什么那天我手里拿着一条围巾。
然后我跟姑娘没了联系，最后有关她的消息，是她去了上海。

难过的时候，我在微博里写：
"那时候自以为是地用借书这种很烂的方式去她教室找她；那时候小灵通的信息要精挑细选怕丢失了她的信息；那时候喜欢一个人，大概就是可以从操场一眼看到她。你猜现在我觉得最遗憾的是什么？"……"嗯？"——"后来想起我们没有一张合照。"

我不知道为什么认识那么多年，却从来没有拍过一张合照。

眨眼好几年过去，2013年老陈结婚，结婚对象是他暗恋了七年多的大丁。

我给他发："新婚快乐，浑蛋，要幸福啊，走音男。"

他给我发："你看，真心还是能被听到的。"

我心说："是，可总有人会没那种命，我是其中之一。"

还是这年的冬天，我接到一个电话，电话另一头放着《温柔》。嘈杂的声音里，我听到电话另一头有个姑娘一直在问："你能听到吗？你能听到吗？"

我实在想不起这是谁的号码，就把电话挂了。

挂了电话之后，我收到了那个电话号码发来的短信，她说："我听到了。"

我的心跳瞬间停了一拍，拼命跑回家，想找出那条被我遗忘许久的红围巾，却怎么也找不到。

我想着我该给这个号码回条短信，可不知道该回什么。我想问问这个号码的主人是谁，可又怕知道了却无话可说。

明明有满肚子话想说，可又怕对面早就不是那个想倾诉的人。

第二天我鼓起勇气回了一条短信，但电话那头再也没了回应。

再试着打过去，电话关机。

2014年冬天，我开始巡回演讲，出发前的夜晚我整理房间，在衣橱的抽屉里找到了曾经省吃俭用买的小灵通。可电池已经过期了，这个小灵通再没能打开。我想，这里面的短信是我精挑细选留下来的，可我记不清里面的哪怕一句话。

原来所有东西都有保质期。

我找到了一张专辑，是"五月天"的《爱情万岁》，里面就有这首《温柔》。
原来这首歌已经这么老了，原来我已经听了这么多年。

我一直没有找到那条红色围巾。
直到现在也没有找到。
但那也没什么关系，你看每年冬天我都还围着围巾，但我不再为了谁围着，也没有非要围着那条已经找不到的红色围巾。

因为一个人喜欢一座城，喜欢一首歌，喜欢一个乐队，喜欢一部电影，那是生活中经常出现的戏码。因为你想要知道在那些你不曾出现的日子里，这些东西是怎么给了她力量；因为想要用尽一切办法去接近她、了解她。

有时候听一个人听过的歌，读她读过的书，看她看过的电影，是想要更了解这个人，更接近这个人。只是许久后你发现，那些听过的歌、读过的书、看过的电影，也能给你力量。翻山越岭却擦肩而过，彼此交谈却感觉不再，其实都无所谓了，因为你知道变优秀并不是为了别人，而是为了自己。

保留下的那些习惯，不是因为放不下；保留下的那些喜好，都是因为自己喜欢。

重要的是，学会了好几种围巾戴法的我，多帅气。

故事的最后，本来想用那首《温柔》结尾，却突然想起另外一首很喜欢的歌里写道："我已经不知道去哪里才能见到她，如果有人看见了她，如果你在她的身边，请多多照顾她。"

写给你。
请照顾好自己。

▸▸ BGM: McFly *Shine a Light*

five　　　　　/ 未来太远，现下就是永远 /

每年的1月我都非常矛盾，不能接受自己又老了一岁，就像不能接受吃到一半的小龙虾被人端走了。浑蛋！还我小龙虾！还我时间！

但我又暗自期待新一年的到来，仿佛每一年我都是这样。我总觉得新的一年我就可以转运，我就可以重新洗牌，我就可以从头开始，我就可以焕然一新。

于是在这样的循环里，我走过了一年又一年。

有那么好几年，我都在年初时信誓旦旦，在年末时黯然神伤。

可能看到一个视频决定健身，可能因为一个演讲决定看书，可能看到大牛决定背单词，可能因为生病决定早睡。可又心血来潮，即使生病那么难受也是好了伤疤忘了疼。一时刺激能改变一时，却没法形成持之以恒的动力。要改变要么想办法刺激自己，要么发自内心地去坚持。不必等到什么好状态、好天气，就在此时此刻。

好在最近我逐渐摆脱了这样的状态，尽管每次老一岁时，我还是有小龙虾吃到一半被人端走的感觉。

曾经有那么一个年初，我满心期待地列了很多计划，发誓新的一年一定要有所改变。我买了四本单词书，我在各种网站找有用的资源，我下了很多电影，只要有用的东西我一定会先收藏，然后告诉自己有时间再看。

那阵子我和基友说好互相监督：每天背一百个单词，每周看一个公开课，每三天看完一本书。为此我们赌咒发誓，做了万全的准备，甚至做好了互相惩罚的措施。

比如某天我少背了两个单词，我就得让他在我脸上涂鸦然后拍照，并且全程不能反抗……我心说，我走的是偶像派路线好吗？而且全程不能反抗是什么鬼！

……然后两个月里我被他拍了十次，然后为了让他把照片销毁请他吃了十顿饭。

他也没好到哪里去，他是社交小王子，身旁的电话就没断过。于是他也把自己的计划一拖再拖，他跟我唯一的区别是，他从来不怕我在他脸上乱涂乱画……

最后他把自己的拖延症归结于宇宙。他说，每次都那么巧刚拿起单词书就有电话，这一定是整个宇宙都不想让他学习，他应该顺应宇宙的意思。

他说这话的时候太过正经，我居然顺着他的意思点了点头……

后来有一天我想起来我那时候收藏的很多资料，打开时却发现原作者点了删除。

我收藏的是什么，我一点也想不起来了。

屏幕上的一句句"你收藏的文章已被原作者删除""你收藏的资源

已过期"，像是一个个巴掌打在我的心头。

我不怀疑我当时的动力，否则我也不会花那么多时间去搜集那些资料；就像我丝毫不怀疑每年伊始，我想要改变自己的决心。

我们想要改变世界，但我们连自己最深恶痛绝的习惯都改不掉；我们想出去旅行，却往往连下楼买菜都懒得走；我们想要静下心来看几本书，却连翻开第一页的勇气都没有。
慢慢地，我们变得能花几个小时刷微博，却没办法花几个小时看书。

信誓旦旦有多容易变成说说而已？大概就像你每逢新的一月都会告诉自己一定要改变一样容易。这就像个固定的仪式，新的一个月、新的一年你都这么告诉自己，可到头来毫无改变。

明天我要把这本书看完，明天我要多背几个单词，明天我要开始减肥，明天我要开始改变。
当初我们都是信誓旦旦，到了最后我们通通惨败。

所以我想，今天能改变的事情，为什么要等到明天？今天就可以从头开始，为什么要等时间走到新的一年。为什么我们都在等待着那么一个时间点，告诉自己要改变，然后又把那些誓言扔在脑后？

人生必须有这样的一些时刻，你忍无可忍拍案而起，想着老子非把这件事情做了不可。然后豁出去做这事，做完后浑身舒爽；人生必须有这样的一些时刻，你对自己的某个坏习惯忍无可忍，对自己发誓一定要改，豁出去改到最后真的改掉。不要安慰自己，要么就真心喜欢现在的自己，要么就去变成喜欢的自己。

我希望现在就是那个时刻，我希望早一点改变，所以我再也不去考虑明天，再也不去考虑以后，现在就是永远。我已经厌倦了，厌倦一次次对自己说来日方长，厌倦一次次安慰自己。

未来太遥远，我不知道它会不会来，今天就是我的永远。

我的做法是给自己定一个非常短期的目标，一个星期或者一个月，把这个目标完成了就奖励自己一个大休息，彻底放空的那种，工作什么的都不管。用心做好手头的事，这样在放松的时候才能心安理得。

在这段时间内，我不允许自己再犹豫再纠结，我会把所有的都扔掉。"尼玛，就这么短的时间，哥都坚持不下来？这不能够！"抱着这样的想法坚持下去，就能坚持下来。

Work hard，play hard。

另外，不要期待短期内一件事情会给你带来特别大的回报，很多时候充实感已经足够。你不能指望着一本书就能改变你的人生，凡是抱着这种想法读书的人大多都读不出来什么。你需要读上几百本或者保持思考，才能对你的生活产生影响。

接着就是我个人的一点小办法，我通常会在起床之后把该做的又不想做的事情都点开，逼着自己开始，不给自己"我刷一会儿微博就开始"的机会。（像我这样的人，一开微博就会刷半小时，开玩笑，当然不能开。）

这样做的好处除了上面说的，还有就是到了夜晚我的时间都是我自己的，而那个时候通常都是忙碌的时候。不管是上网放松找朋友聊天，还是出去玩都可以自由地安排时间，不必担心自己还有任务没做完。

当然还有很多人是越晚效率越高的，我在写书这方面就是。同样，我也会把所有要做的东西都点开，把手机扔在一旁，能不上网的时候就不打开网页。

另外我是一个特别需要听歌的人，我的歌单里永远都有几首我听了会很有动力的歌，或者是那些能帮助我focus集中注意力的歌。每个人的歌都不同，但我想每个人都有那么几首歌能激励自己。我就会反复地听那些歌。

永远不要相信自己"玩五分钟就去学习"的鬼话，社交网络能不看就不看，最多刷一个朋友圈，忍住不要回复任何人。要杜绝自己的一切手贱，就把手机这个"万恶之源"暂时扔到一旁。其实大多时候你不能集中注意力，不是有别人来打扰你，而是你自己给别人打扰你的机会。

所以就是：找到做完之后会让自己充实的事情；厘清放松和工作之间的关系，把之后的旅行当作努力工作的奖励，而不是一种逃避；如果可以，尽量不要上网，找几首自己喜欢的歌就能不知不觉度过很久；不要太在意时间，时不时地看时间，给自己定个闹钟，在闹铃响之前尽量不要管时间。

不要看到别人做什么好，就去尝试做什么，因为每个人表现给你看的不一定就是全部。很多时候你跑到别人的轨道上了，发现那个不适合你，看起来光鲜的其实也有属于他们自己的苦逼。看到全部，再谨慎地做选择。

拖延会使一些事情变得可怕，有时就得去做那些可怕的事。如果还很可怕，那恭喜你，你的判断是对的，至少你鼓起了勇气；如果你顺利做完，你会发现这些事不过如此。大多事都是后半部分，很难、很可怕而你很纠结，然后你鼓起勇气，不管过程多难，做成后都不过如此，死不了。以后遇到类似的事，你也不会再挣扎了。

最难的是养成习惯前的那几天，我强迫自己不看手机，手机的唯一用途就是放歌。朋友圈不看，微博我也不刷。我对自己说，两小时不看手机又不会少块肉，只要你这两小时里看了手机，你就会永远吃不到小龙虾。没想到这样的心理暗示极其有用，慢慢地就习惯了。

不要再期待新的一年，不要等到某个时间点再改变。

自己不改变的话，新的一年也只是之前的重演。想去的地方没有去，想谈的恋爱没有谈，想做的事还是没有做。日历一页页翻，时间一点点走，可你仍困在原地。等待也好，迷茫也好，都不要把自己留在原地。新一年不代表新的开始，如果你没有行动；只要你下定决心，每一天都可以是新的开始。

说说而已，都很简单，我们都不能这么委屈了自己，配不上所受的苦，又辜负了自己的野心，不上不下最难受。所以就去做一些牛逼的事情吧，比如改掉你最痛恨的一个坏习惯，或者做一件自己很想做却没有做成的事情。

过去的每一天，你看的每一本书，你做的一些小事，你偶然遇见的人，都在一点点组成你的现在，你的现在组成你的未来。你一路丢掉的都是你曾经坚守的，你拥有的都曾水远山遥、遥不可及。你放弃的就别羡慕，你承担的都是你选择的，别犹豫别后悔，有热爱有坚持。

那是你最好的样子。

▶▶　BGM:　五月天《oaoa（现在就是永远）》

six

/ 写给自己的生日 /

忘了是小学第几年，接触到了《灌篮高手》，于是一发而不可收。小伙伴课间都喜欢讨论里面的剧情，有人喜欢流川，有人喜欢仙道，有人喜欢赤木，也有很多人跟我一样，喜欢三井和樱木。那几年，我的生日愿望都是：要成为一个专业的篮球运动员。

于是我正儿八经地开始去实现自己的梦想，每个周末都去练球，那时的我太小力气不够，三分永远进不了。我是偏执型人，偏不信这个邪，就拼死练三分球。夏天时常下雨，我们打球又在室外，我常常被淋成落汤鸡，直到整个篮球场上都没人了，我还是执着地投着答应自己的事，少一件都不算数。我不怕做不到，我怕我不去做。其实等待没有那么长，是你总在原地让那未来变得遥遥无期。辜负自己太容易，借口总比行动多，安慰自己又对自己妥协。那就做些让自己刮目相看的事吧，比如养成一个很棒的习惯，比如比以前坚持得更久些，比如在快对自己妥协时炫酷地说不。

篮。虽然每次回家都被我妈一顿唠叨，但那时一点也不觉得累，因为自己正在朝着目标一点点靠近。

小时候就是这样，梦想最远、最不切实际，可你永远有着不知道哪里来的力气和坚定。

进入高中以后，我就慢慢地放弃了这个梦想。一是我没有动辄就两米的体格，二是那时的我已经开始明白，要成为一个篮球运动员，除了努力还需要一定的天赋。尽管不想承认，可那个天赋，我并没有。

再后来我就开始喜欢上吉他，原因没什么，只是因为喜欢的女生喜欢。那时也执着地反复练习，就为了练一首歌。终于学有所成，却没能把那首想唱给她听的歌唱给她。

如今我不再打球，吉他被老高拿走以后也没有再买过新的。让我淋雨打球的日子已经一去不复返，而我的乐感依旧无可救药。那时候坚信长大就可以实现的梦想，早就不记得了。

只是《灌篮高手》一直在，每次看都会起鸡皮疙瘩，然后毫无悬念地被感动；只是爱过的歌一直在，虽然常常会忘了歌单里有这些歌，但每次随机播放到这些歌时，都会按下单曲循环。

其实我不确信人到底长情不长情。

有些东西你留了很久，但清理的时候还是说丢就丢了；有些人你说好一辈子不会忘，但时间久了你还是想不起他们的模样。但有些东西你丢不掉，就像你单曲循环的歌，就像你看了无数次的电影，就像那些让你觉得充实的事情。不管是在清晨还是午夜时分，不管是在地铁还是家里的电脑桌前，你都会因为这些事情放慢你的脚步。

今天是我的生日，我又把那些让我感动的东西翻出来看了又看，也整理了自己的房间，看到了很多旧照片。于是我再一次确信，过去的事情不会平白无故地消失，遇到的人都有遇到的意义，它早就变成了你的一部分。

曾经在看《挪威的森林》时，看到村上写的一段话："那时我突然发现自己已经二十岁了，这个突然的发现让我有点不知所措。在那之前，我一直以为十八岁之后是十九岁，十九岁之后是十八岁，如此反复。"

2001年北京申奥成功，我那时候还住在乡下，我告诉奶奶这个消息。我奶奶说，2008年的事情还很遥远呢。七年后北京成功举办了奥运会，又过了七年，恰好就是现在了。

说好的十八岁离升我已经不知道多少年了。好在我还没有那么老，很多时候我回想过去，都会觉得有些事情应该能做得更好，但我已经学会不去遗憾了。

这一年我跑了很多地方，终于有点自己想要的模样了。我也终于见到了很多在屏幕在书本另一边的你们，可以当面跟你们说一句感谢了。

我曾经度过一段很孤独的时间，那段时间一个人上班一个人下班一个人吃饭一个人睡觉，甚至跨年都是一个人在高速公路上。我不想找人倾诉，没有诉苦的欲望，不知道怎么度过这段时间。好在很快我就撑过去了，也找到了自己的生活方式。

过你想过的日子并不容易，你需要付出很多才能保持不被其他左右。如果可以，我还是希望你为了想过的生活努力一次，因为那是你本来的样子。我现在最庆幸的不是走了多远，而是回头看发现原来的那个自己还在，只是他更冷静、更沉默了，但他依旧热血、依旧努力。

再过几年，就真的要到被你们喊叔的年纪了，希望自己还是一个吃货（哈哈），希望我还在这里，希望我回头看还能对自己说一句：还好有些事情你一直在坚持。

因为我执着，因为我舍不得，因为我要抓住剩下的每一个东西，更因为我已经放弃了告别了太多，所以剩下的所有都很重要，重要得哪怕我需要花费全部精力，我都要抓紧。如果没有天分，我就用时间去换。

因为我欠自己的，一定要自己补上。
不是为了谁看到，不是为了谁知晓，而是为了我自己。

又是一年生日，其实我并没有什么特别的生日愿望，就想这么按照自己想要的走下去。

我不知道明天的我会去哪里，我不知道明天的我会遇见谁，但我不担心将来会发生什么。每分钟都有告别，每分钟都有相遇，在告别前抓紧一点，在相遇前变好一点。所以我喜欢现在听的歌、现在看的书、现在做的事，还有最重要的现在陪伴的人。过去已经过去，未来还没到来，当下最好。]

但我知道的是，随着成长，愿意去向一个人吐露心声越来越难，不像以前你逮到个人就把什么都告诉他，恨不得让全世界都知道。现在，我们都找不到那个愿意倾诉的人，而我却在跟你们说话。

这是一篇无比烦琐的碎碎念，这么多年、这么多天，谢谢你们一直都在听我说话。

——写在自己的生日。

1.12

▸▸ BGM： 五月天 *Happy.Birth.Day*

seven

/ 冬天冷，吃碗热饺子 /

几年前的冬至我在上海，包子跟我有着阴魂不散的缘分，他也在上海。我去考试，他去面试，两个人都失败而归，半夜想吃夜宵，就打电话叫上芋头。

芋头那阵也过得不好，刚失恋，失魂落魄。

我们三个的另一个共同点就是：那些年的冬天，我们从来不穿秋裤。我是觉得穿秋裤太累赘，包子因为太胖根本就不需要秋裤这种东西，而芋头是为了让自己的腿看起来更细一些。但那天芋头穿着无论你觉得黑夜是否过不去了，天终究还是会亮。闭着眼睛永远是天黑，不学会面对永远是天黑。路还长，天总会亮。要等你学会自己拉自己一把，心里的冬天才会走。

一件大衣外加短袖出现在我们面前的时候，我和包子还是由衷地感叹了一句：他娘的女人果然都不怕冷。

芋头说："哪能呢，只是相对于美来说，冷这种东西不值一提。"
我在心里给芋头默默地点了个赞。

或许也因为年轻，什么都像是世界末日，一点小事都必须搞得轰轰烈烈，做什么都上头。三个人吃完夜宵喝完酒，愣是顶着寒风去了外滩……去吹风。

心情不好去吹风可以理解，天气这么冷还去吹风，只有我们这三个傻缺会这么干。

关键问题是：我们是三个不穿羽绒服不穿秋裤的傻缺。

而那时是凌晨两点。

芋头那天显得特别兴奋，一路小跑，到了外滩边的栏杆前，对着黄浦江一顿乱喊。

至今我都不知道芋头喊的是什么，只记得江风太大，把她吹得披头散发。我和芋头认识这么多年，关于她的回忆有很多，可印象最深的是那时候她的背影。

许久以后我才明白，那时候她的开心是回光返照，她的兴奋是为了防止想念。

冬天最难的就是停止想念。有些故事是你的秘密，绝口不提也没关系。有些名字是你的咒语，每听一次就心颤一遍。那些没人知晓的想念，都埋在深夜的漆黑里。而那些漆黑的夜里，有些人在你心里倔强地亮着，只剩你和回忆共眠。

芋头更惨，她和回忆一起醒着。

那年头还没流行iPhone，不像现在，所有的手机响起的铃声都一样。

那时我和包子都很喜欢《温柔》这首歌，正好有人打电话给他，《温柔》的前奏一下就响了起来。

我说："你他妈的以后设铃声能设点欢快的歌吗？"

包子说："《温柔》这首歌哪里不欢快了？！"

我说："我靠，这首歌哪里欢快了？你快告诉我！"

由于这首歌响得十分不合时宜，芋头轻声哼起了这首歌，然后有一刻钟再也没说话。

看着一个人从癫狂状态一下进入了矫情状态，我和包子两个人都瘆得慌，不知道下一刻会发生什么，像是暴风雨前的宁静。

芋头突然开口问："你知道我最喜欢这里面的哪句歌词吗？"

我说："肯定是'不打扰是我的温柔'呗。我跟你说啊，芋头，你别多想，什么打扰不打扰的，就是一个人的情绪在作怪。你就是打个电话过去，他也压根儿不会想那么多……"

芋头打断我："我最喜欢的是'如果冷该怎么度过'。"

我准备好安慰她的词一下子都没了，半晌憋出一句："还能怎么过，就这么过呗。"

这句我临时想出的话，变成了我在冬天时常想起的一句话。

冬天很冷，你的心或许比气温更冷。你不知道冬天应该怎么过，你觉得冬天要过不去了，你想冬天怎么他妈的这么长。

但能怎么办，就这么过吧。

喝完这杯酒，翻过这一页，往后你还有很多页要写。

我害怕的不是冬天过不去，而是你心里的冬天过不去。就算天气已经开始放晴了，你的心里还是冬天；就算白天已经开始变长了，你的心里还是黑夜。

花时间等一个人不可怕，可怕的是你用辜负自己成全了别人的自私。

冬天很冷，就多穿件衣服；心里很冷，就做喜欢的事情。怕黑了就开灯，心塞了就去跑步，矫情了就去吃，难过了就拉开窗帘，总有天亮的时候。

冬至快乐，不快乐就去做喜欢的事，没什么大不了。

全世界都在等，或许等一个机会，或许等一个人，谁都不知道自己会不会等到。那就在等待的时候一路向前走，即便等不到想要的，也别辜负了自己。

▸▸　BGM:　Nujabes　*Aruarian Dance*

eight
/ 热恋时我们都是段子手，
失恋时我们都是矫情狗 /

1

小云分手的时候，把我们都拉出来，一边胡吃海塞，一边控诉：

"我靠，老娘花了整个大学跟他在一起，怎么说分就分了。"

我说："小云，你别张口闭口就'老娘'，这跟你的气质不符。"

小云白我一眼，愣是让我把接下来想说的话吞了回去。

"老娘为他做早饭，老娘为他洗衣服，老娘他妈的还给那傻×织过毛衣。"

"老娘陪他去网吧，什么都不玩就在那边陪他，我还熬夜陪他玩。"

因为没有课业，连鱼缸里的鱼都显得那么可爱；因为在你身旁，连街边的树都像在谈恋爱；因为你在身边，连空气的味道都是甜的。因为有了琐事，连蓝色的天空都像是乌云密布；因为你转身离开，连街边的树都像在嘲笑我；因为失去联系，连空气的味道都是苦的。

"……"

接着她就骂不下去了。

再然后她就点了一堆鸡尾酒，自顾自地喝起来，边喝边挨个儿敬酒，我们哪见过平日内向的小云这个架势，一个个都乖乖拿起酒对小云说："今天你是大姐，我们都干了，你随意！"
但小云每次都是一饮而尽。

我不知道这样的阵势持续了多久，在我看来像是经过了一个世纪。

直到小云突然停了下来，拍着桌子对着酒吧前弹钢琴助兴的帅哥大喊："你他妈的弹的都是什么，难听得我都想哭！我没骗你，你看着啊，你看着啊，我这就哭给你看！"

我们刚给小哥赔完罪，就听到小云痛哭流涕的声音。

2

大嘴是我的高中同学，上次我去上海他也来听我演讲。这厮作为一个男人，居然留起了辫子。但这不是重点，重点是这厮的辫子居然扎在头顶。我和包子吐槽了他不下二十遍，可他依旧不为所动。

聚会就要喝酒，喝酒就要去酒吧。那天我们去了静吧，有个酒叫"弄死你"。大嘴毫不犹豫点了五瓶，说是想看看这酒到底能不能弄死他。本来我们几个酒量都不算小，我也没往心里去，就给自己和包子也各点了三瓶。

光喝酒实在无聊，我就提议玩游戏。作为一个从小到大的理科男，大嘴唰的一下从包里拿出扑克牌，一脸严肃地说："我给你们推荐一个刺激与智慧并存的游戏。"
我和包子被他的表情吸引，满怀期待地等待他介绍这个游戏。
这厮唰唰唰唰在桌上摆好了四张牌，我和包子继续满怀期待地看着他。

突然他一拍桌子："4×3+2×6！哈哈哈哈，你们输了！"

我们这才反应过来这厮居然玩的是24点！这他娘的也太欺负包子了！

不过大嘴从头到尾就赢了这一局，喝着喝着酒没了，他顺势就喝完了我和包子的酒。

他说："我喝了十一瓶'弄死你'，我还是活得好好的，哈哈哈哈，我要打给我前任，告诉她，十一瓶'弄死你'都弄不死我！"

我和包子对视一眼，从对方的眼神中都读出了"这人是神经病吧"的信号，但我们都没有劝他。

我们吞了一口唾沫，等待着狂风暴雨的到来。

只是电话一拨通，大嘴的声音突然温柔起来。整个对话过程平平淡淡，他也没提今天输惨的事，只是说着："我和朋友在外头。"

他问："你过得怎么样？"

他说："那就好。"

他回："我过得特别好。"

没到一分钟，两个人的对话就此结束。

挂了电话的大嘴说："其实我过得一点都不好，哈哈哈哈哈哈……啊……我擦！"

还没笑完，他就滚到了桌子底下。

3

胡幽幽是我的朋友中最正常的一个，不哭不闹不作死，只是常常去
追演唱会。
之前的演唱会，她都是和前任一起看。
今年的演唱会，她却是孤身一人。

她说自己有时还是会打电话把自己想听的歌和对方分享，可最近终
于忍住了。
她说自己有时无比羡慕那些在看演唱会时可以随时打给对方的人。

[当你想念一个人时，能够随时去打扰，而他也会给你回应，这本身
其实是一件很幸福的事。我想有很多人想念一个人时，都不知道怎
么去联系吧。怕是打扰，所以才有不打扰是我的温柔，尽管这温柔
只有你自己才知道。]

总有些人会这样，遇到一个人满心欢喜，以为遇到命中注定，却又
擦肩而过。
总有些事会这样，你有着千千万万的你以为，可结局偏偏给你一个
不可能。

刚开始时无话不谈，到后来无话可说，两人面对面却像隔着千山万水。

多少人说要忘记，却又一遍遍地听一起听过的歌、看一起看过的电影、去一起去过的地方。多少人说了再见，挥别了那个人，转头又把自己困在回忆里。口口声声说要忘记，在心里却从未舍得。

告别时都爱强装洒脱，告别后都在强忍想念，躲得了对酒当歌的夜，躲不了四下无人的街。
热恋时我们都是段子手，嬉笑怒骂互相吐槽；失恋时我们都变矫情狗，被回忆戳得浑身疼。

失恋有千万种，每个人都在等。
等的不是谁谁谁回头，等的都是自己和回忆和解的那天。

▶▶　BGM:　五月天《志明与春娇》

nine

/ 青春不怕岁月长 /

最穷的时候，和老唐、老林三个人挤一张床。三人晚上想喝酒，东凑西凑只凑够了买一瓶啤酒的钱。于是三个人你一口我一口，一起轮着喝啤酒。那时候《大话西游》很火，但还没有现在这么火，老唐有一张藏了很久的盗版碟，我们就拿出电脑三个人凑在一起看《大话西游》。

看到紫霞仙子被牛魔王刺中的一瞬间卡碟了，我和老林异口同声说出一句电影中孙悟空的台词："卧槽。"好在还是有惊无险地看到了最后，看到转世后至尊宝对变成孙悟空的至尊宝说了一句：

有些时刻，我们都不知道自己能去哪里。世界明明如此之大，却没有你的容身之处。我们挣扎，我们迷茫，但我们都还没有到绝望的时候。就走下去吧，保持挣扎，保持寻找。结果无非两个，再也没有气力去挣扎，或者是找到了一条属于你的路。青春不怕岁月长，在死心前，再努力一次。不管你会去哪里，愿你不忘初心。

"欸，那个人好像只狗。"

我们一直嘻嘻哈哈地看到了最后，看到这里却谁也不再说话。打破沉默的是老唐，老唐拿起啤酒说了句："哈，我们其实也好像只狗。"

他是用自嘲的语气说的，我们却谁也笑不出来。

那是2009年的冬天，我们谁都没习惯漂泊。

那是2009年的夜晚，老唐的房子还有两天到期。

如果房子没法续签，我们就得露宿街头，那时的我们已经严肃地准备好了三个睡袋。

我知道，你也曾经想变成某个人的盖世英雄，可你最终还是没有成为英雄。

你也有想要实现的梦想，所以你离开家乡，直到某一天回头看，发现物非人不在，而你也不再是当初的自己。

很多人都说，既然如此你为什么不回家，或许只有漂泊的人懂：从你离开家的一瞬间，你就再也没法像当初一样了。

或许你回头看，也会这么嘲笑自己："欸，那个人，好像只狗。"

站在陌生的城市街头，你发现你找不到落脚点。

就像那时的我们，觉得世界之大，却没有容身之处。

如今我晃过很多个冬天，去了很多个城市，由衷地喜欢墨尔本。

或许你和我一样，在刚来这个城市的时候发现一切和自己想象的不同，可待的时间久了，也有了类似故乡的感情。

哪条街道你每天都走，哪个小吃你每天都吃，你都一清二楚。

我即将告别墨尔本，或许这是一个让很多人羡慕的城市，可我在不久前觉得这个地方给不了我想要的东西，一切和我想象的不一样。

漂泊的人总是如此，有人羡慕你所在的城市，却没人知道你背后的艰辛。

只是在我即将告别的时候，我莫名地舍不得。

选择到这里，不管是好是坏，我的青春都留在了这里。

还有半年要离开，我想许久后我回头看，我会忘记这里多无聊，这里的日子多难熬，只会记得这个城市给我带来的一切。

我知道你也在某个地方漂泊着，也曾问过自己当初为什么要离家那么远。

待的时间久了，尽管还是不同于故乡，这个城市也已经变成你不可分割的一部分了。

写这篇文的时候是冬天，我不知道读到这里的你在哪里，而你那里是什么季节。

或许你在一个想要留在的城市，或许你还没有找到归属感。冬天很冷，而你或许也没有暖气。但冬天过后总有春天，春天过后还有冬天，你能做的只是习惯过冬天，等到春天的时候用力享受就行了。

下次冬天再来的时候，你也不再害怕了。

如今我习惯了每天东奔西走，昨天还在哈尔滨，今天就到了北京，明天要跑去上海，每天只睡几小时。我却没有觉得很累，我学会怎么和自己相处了。

今天是感恩节，我遇见了很多很可爱的读者，我知道自己不是孤身一人。即便城市再大，你再形单影只，你也不是唯一在这座大城市里漂泊的人。

虽然你永远不知道一同和你漂泊的人会是谁，但你有着同类。

留在哪里，是你自己的选择。

留在哪里，是因为你的青春在这里。

即使要告别这座城市，这座城市也会变成你的一部分。

不管你在这座城市里经历了不顺利的感情，还是你爱的人已经离开了这座城市，你都会对它有着特殊的感情。

或许你即将去往一个新的城市，或许你还在挣扎着寻找归属感。

我不能告诉你，你的未来一定会很好，因为那是不能确定的事情。

我能告诉你的，只是我们都一样，不要怕。

所有漂泊的人，所有，他们选择漂泊，只是为了某一天能够不再漂泊，扎下根来，可以用自己的力量保护身边的人、保护想保护的人。

我们就像没有阳光的种子，阳光被比你更高更强的植物挡住，但我们总得保持成长，吸收养分。

等到阳光找到你的那天，发芽就行了。

写下这些时是感恩节，却不是只有今天才去感恩。

或许你依旧向往别处，但也别忘了此时此地的风景。

如果觉得累，至少还有人在这里，至少我还在这里。

我写的这些，不是因为我只看到我自己，而是我看到了所有在书本另外一边的你。

竭尽全力是因为心有偏执，向前走吧，青春不怕岁月长。

有时离别是为了更好的相聚，别怕。

▶▶　BGM：　李荣浩《模特》

ten

他们听不到你的声音，你却愿意为了他们，愿赌服输。

我的一众小伙伴里，只有小裴是北方姑娘。都说大连出美女，这话放在小裴身上基本靠谱。姑娘是个大高个儿，做事风风火火却不爱说话，平时聚会一小时她也不会说上几句话。当然凡事总有例外，比如她喝醉时，比如她喜欢上老梁时。

2011年的光棍节，小裴和我们在武汉聚会。
我们选择武汉的理由有且只有一个：武汉特别美……好吧，其实是有些故事从一开始，就走向了同一种结局。很多事情都没有原因，说不上为什么，就像天是蓝的、树是绿的，就像有些思念都写在夏夜晚风里，就像你突然很想吃糖醋排骨，就像你爱上一个人。你跌跌撞撞、懵懵懂懂，自己都觉得自己是神经病，但没办法。

周黑鸭。

在这个特殊的节日里，我们几个买了柜台上剩的所有周黑鸭，拎着一箱啤酒就往大头家跑。

那天晚上我吃了三盒周黑鸭，撑倒在大头的床头；那天晚上老陈丢了自己的手机，哭晕在大头家的厕所；那天晚上大头喝了三瓶啤酒，醉躺在客厅的地毯上；那天晚上婷婷到了十二点犯困，睡死在沙发上；那天晚上小裴第一次见到了老梁。

我不知道在这么一个场景里，小裴是如何对老梁一见钟情的。只记得那天我见到了一个从未见过的小裴：小裴和老梁从我们刚见面的那刻开始聊天，直到第二天我睡醒，他俩还在客厅聊着。

老梁第二天有事就先走了，小裴又切回了一小时说不上三句话的沉默模式。

直到我们要走，老梁都没有再出现。要走的前一晚，我吃了三天来的第十盒周黑鸭，撑倒在沙发上。偏偏这时候小裴拿着一瓶啤酒走过来要和我干掉，我心想面对一姑娘怎么能示弱，接过啤酒就往嘴里灌。

灌到一半感觉不行，这样下去我的胃要爆炸了，赶紧停下来对小裴说，先等等。

小裴不管我，喝完一瓶接着又开了第二瓶，喝完眉毛一挑，说："哈哈哈，你输了。"

我顿时一惊，心想，天啊，小裴居然会用"哈哈哈"这个词。

我说："小裴，你今天不对劲，请把那个不会说'哈哈哈'的高冷小裴还给我。"

小裴没接茬儿，问我："你说今天他会不会来找我们？"

我问："谁？"

小裴说："还能有谁。"

小裴大概是那时候发现自己喜欢老梁的，但我们都没当一回事。毕竟两人就见了一面，平时也没什么交集，估摸着过几天她就能把好感扔掉。

小裴听我们都这么说，立马拍案而起："我是认真的，我从来没有和一个人这么能聊，真的，我在他面前就会有说不完的话。"

老陈是我们中第一个认真起来的人，他从地毯上坐起来："能找到一个你愿意倾诉的对象，这很难得啊！"

我接茬儿："可不是，有时候你想着来个人跟我说说话吧，只是聊聊天就行。可真的有人来了，你又觉得尼玛还是让我一个人待着吧。"

小裴说："可不是。"

那天晚上，她说了半个晚上的话，直到我们都犯困了也没有停下来。那时我明白了一个道理，就是根本没有所谓的高冷。在你面前沉默寡言的人，在另一个人面前说不定会变成话痨。大多数人都可以在高冷和逗逼中随时切换毫不费力，区别在于你面对的人是谁，比如小裴面对老梁。

还有一种是无法掩饰的，那就是吃货永远是个吃货，比如我在听小裴说这些时，吃完了最后一盒周黑鸭。

故事刚开始，却没有向着小裴想要的方向发展。

小裴回大连后，一直在用各种方式表白，比如她每天都对老梁说早安和晚安；比如她把所有的话都写在了信纸上，折成了心形寄给他。

再比如在某天早上，她突然从大连来了上海。

然后在半夜她发了个朋友圈："我今天见到他了，真开心。"

第二天，她把正在上海做活动的我叫到外滩。圣诞节前后上海的寒风冷得刺骨，我把自己裹成了球，小裴却只穿着两件衣服。不用说，一定是觉得自己穿着好看；不用猜，她一定是想等老梁。

小裴说："本来我们今天约好要再见面的。"

我问："那你等到了吗？"

小裴摇摇头，说："没等到。"

我接着问："那你打算怎么办？"

小裴说："我打算再试试。"

我说："难道老梁的态度还不够明显吗？要这样他也太……"

小裴打断我说："他说过我们不可能，我也知道我们之间没可能，可我就是想对他好，然后让他知道我是对他最好的人，我不甘心放弃一个这么聊得来的人。"

小裴说："我不想放弃，让我再试试，让我再等等。"

我没再说话，我知道我没法劝也没法说。

再等等再试试，我知道她不撞南墙撞得头破血流，她就不会放弃。

后来两人之间的交集就和我们预想的一样越来越少，为数不多的交集都是小裴一个人创造的。两人一直都有一搭没一搭地聊天，到后来小裴终于不再发早安和晚安了，也不再跟老梁分享自己喜欢的歌了。

去哪里、遇见谁、爱上谁、和谁变成知己，这种事情需要缘分。遇见之后、相处之后却慢慢失去联系，这时候的缘分大概就是看有心不有心了。

2014年光棍节前夜，小裴说："我想最后最后再试一次。"

小裴约老梁见面，老梁说了句"对不起"。

小裴最后也没有等到老梁。

后来小裴单身至今。

偶尔，小裴还会在朋友圈分享一些歌，都是她曾经发给老梁的。

我记得有几次半夜她会找我聊天，说不了几句又沉默了，说的都是关于老梁的话题。

明明就没有在一起，可小裴还是放不下。

我想小裴比谁都清楚，所以不管我们怎么说她也不反驳；我想也正是因为她什么都知道，所以不管我们怎么说她也不想放弃。
哪怕是死路，也要走。
撞得鼻青脸肿才好，不然总觉得不甘心；看到是死路才愿意转弯，不然总觉得前头有希望。

有些故事从一开始，就走向了同一种结局。
很多事情都没有原因，说不上为什么，就像天是蓝的、树是绿的，就像有些思念都写在夏夜晚风里，就像你突然很想吃糖醋排骨，就像你爱上一个人。你跌跌撞撞、懵懵懂懂，自己都觉得自己是神经病，但没办法。
他们听不到你的声音，你却愿意为了他们，愿赌服输。

▸▸　BGM：　雷光夏《第36个故事》

eleven

/ 不用客气 /

杭州演唱会时认识了一个姑娘，她坐我旁边。

没多久天下大雨，我没带伞，姑娘就和我撑着一把伞，但大风大雨的一把伞根本不够两个人撑。

我过意不去，就示意说自己不用撑，淋雨对男生来讲没什么。

姑娘执意要给我撑，说是我不撑她也不撑了。

后来雨停了，姑娘浑身湿透。

演唱会结束后我请她吃夜宵，说怎么着都得请顿饭。

和我一起的是三个基友，和她一起的还有两个女生。

每个人都会遇到这么一个人，他只是经过你的身旁。他不会到你的生活里，却无意中给了你些许力量。他是平淡无奇的人，还是一个遥远的偶像，这都无所谓。后来他消失了，你们之间再无联系，或许你们之间从来没有什么联系。从相遇到告别，都是你一个人的事。奇妙的是或许对于另一个人来说，你也是这样的存在。

吃完饭两拨人基本聊熟了，有个女生指着我说："你特别像一个人。"

我正盯着羊肉串，心想，难道我像金城武的事情暴露了？

基友插话："我知道，一定是像赵本山。"

那女生接着说："你特别像她的前男友。"

我察觉来者不善，一顿埋头苦吃，这个话题也就被我们这么糊弄过去了。

第二天我们要走，姑娘也在虹桥，我比她早出发一小时。

我们一起买了个早饭，我们都没说话，临走前互留了电话。

回家以后特忙，我很快就把这回事忘了，很久以来我们也没有联系。

大概一年后我接到她的电话，看着名字一时间都想不起来是谁了。

姑娘一听到我的声音就情绪失控了，说今天我来看演唱会了，上次看演唱会看到有人特像你，我一瞬间都以为你来了。

我刚开始还想解释，后来才明白她以为自己拨的是另一个号码。

演唱会结束后她给我来电话，说："对不起，我刚才情绪失控了。"

我说："没关系，正好让我听完了一首歌。"

她说："谢谢你。"

我问："谢什么，我什么都没做。"

姑娘说："谢谢你没有挂电话。"

我们就开始有一搭没一搭地聊天。

那时是我的假期，我也会常回复，才知道她在杭州演唱会时刚和男友分手，打前任电话时他一直不接，后来直接关机。

再后来有一天她说："谢谢你，我觉得我现在醒了。"

我说："那就好。"

然后我们就再也没有联系。

我一直都忘了这个插曲，直到后来听姜婷说她以前的故事。

姜婷从高中就喜欢老林，但老林在好几年里一直都不知道姜婷的存在。
姜婷是老林的初中学妹，高一时姜婷上的高中和老林所在的高中恰好是对门，两人的学校只隔了一条街。

姜婷每天放学第一时间就往校门外跑，就为了远远地看老林一眼。放学时人潮涌动，能把那条街挤得水泄不通。姜婷每天都拼命地往前挤，她也不知道为什么总能在人群里一眼就看到老林，而老林对这一切都一无所知。

暗恋的人都具备了一种能在人群中一眼看到对方的超能力，却都缺了另一种让对方一眼就看到自己的超能力。

暗恋暗恋着到了高三，这期间姜婷不止一次想表白，可她连和老林先做朋友的勇气都没有，永远是这么远远地望着。她有个闺密和老林是同班，她就通过闺密了解老林平日里的消息，而她让闺密誓死不要把她喜欢老林的这个秘密告诉他。

当知道老林要考去南大时，她对自己发誓总有一天她也要去南京。

等到她变得足够优秀时，她一定要站在老林面前说："老娘从初中就喜欢你，现在终于能告诉你了。"

后来姜婷真的考上了南大，老林却在大二时出了国。

姜婷说："自己从那天起走路就不再东张西望了，因为我知道这个城市没有他。"

姜婷是在她生日时讲起这个故事的，我们都问："然后怎么样了？"

姜婷说："然后就没有然后了，只是如果没有这个人，或许我不会上南大，或许我就不会认识你们。"

后来姜婷真的变得足够优秀，可她已经把老林放下了。

她说反正这都是她自己一个人的故事，或许他从一开始就没必要知道。

"那么，还是应该感谢相遇吧。"

她是这么把她的故事收的尾。

其实这两个故事之间毫无联系，只是让我想到了每个人都会遇到这样一个过路人。他只是经过你的身旁，你知道他不会走到你的生活里，却在无意中给了你些许力量。

他是一个平淡无奇的人，还是一个遥远的偶像，这都无所谓了。

后来他消失在你的生命里，你们之间再无联系，或许你们之间从来就没有什么联系。

他就是这么经过，然后消失。

或许对于另一个人来说，你也是这样的存在。

在需要力量的日子里，有个人出现，那么谢谢你。

尽管你听不到，尽管不知道未来的你会去哪里，都感谢曾经遇见你。

如果我恰好路过你身旁，给了你一些力量，那么也不需要客气。

有些人相遇，就是为了告别。

往后的日子里，我们都不要辜负自己。

▶▶　BGM：　Timbaland　*If We Ever Meet Again*

twelve / 久处之后依然心动 /

前阵子老陈和大丁结婚一周年，我心想，好基友结婚纪念日我一定得送点什么。可我人又不在南京，怎么也赶不回去和他们见一面。思索良久，我决定建个微信群给他们唱首歌……

但我没有音准，应该走的调我用跑的，于是本该五分钟的歌，我花三分钟就唱完了。老陈和大丁在一小时内没有给我任何回应，我就默认为没有发送出去，又唱了一遍。又是死寂一般沉默的十分钟，我默默地打了一行字："看来你们还是没有收到，我只好再唱一遍了。"

人的精力都有限，真的就可能只能把心思给那么几个人。相遇容易相识也不难，难的是维持。刚开始可能都相见恨晚，到后来可能只是偶尔联系。喜欢是乍见之欢，爱是久处不厌。

这回老陈秒回："千万别！"

我说："哈哈哈，还想装沉默，分分钟把你给炸出来。"

老陈说："我发誓我听了半小时才听出来你唱的是什么，哈哈哈哈哈哈哈，原来你唱的是《七里香》。"

我说："这是我要给你们的结婚周年礼物，不用谢。"

老陈十分激动："我们之间的友谊呢！鬼才要听你这种五音不全的歌！说好的红包呢！红包呢！红包呢！"

我也十分激动："我没给你们唱《分手快乐》还要怎样，再说你问我要红包，为什么不先给我一个红包呢！"

大丁突然出现："哈哈哈，你有本事要红包，你有本事结婚啊！"

我思考再三，回了三个点……

永远不要尝试和一对夫妻斗嘴，不管他们平时是否总拌嘴，但凡在这种时刻，他们一定会站在统一战线上吐槽你，然后把你赢得体无完肤。

两人都是我的高中同学，但我和大丁毕业之后有将近四年没怎么联系，老陈则和我熟络得多。所以在之前写他们的故事时，我都是站在老陈的角度上，我知道老陈暗恋了大丁好几年，我也知道老陈一直在为了大丁变好，但老陈一直也没有说清楚他到底是怎么一步步追到大丁的。

因为老陈的原话如下："我这么英明神武帅气逼人，大丁怎么可能不答应我呢，不然就是她的损失了，对不对？"

我当时千万匹草泥马从心头奔过，说："那你还自卑了那么多年，打死不敢对大丁说你喜欢她？"

于是这个话题再也没有在我们之间出现过。

眨眼他俩都已经结婚一年了，大丁正好也在，我觉得这个未解之谜是时候解开了，就问起大丁。

大丁说起她大一之后就是单身，本来好好的一个人过了好几年，突然冒出来一个人把自己的生活全部展现在面前，让她觉得又温暖又不知所措。

我说："老陈可不是突然，他从2006年就喜欢你了，他这叫蓄谋已久。"

大丁说："我这不是不知道嘛，总之几年后他突然又出现在我生命里时，我觉得世界还真是挺奇妙的，但那时候更多的还是不知道是不是该接受一个人走进自己的生活里。"

大丁说自己和老陈一开始并不是很合拍，两人的爱好就很不同，毕业之后的人生轨迹也很不一样。但老陈一直都在她身边陪着她，后来两人就顺其自然地在一起了。

我说："大丁，你这个顺其自然包罗万象，说了跟没说一样啊。"

大丁说："就是顺其自然在一起了，没什么特别的表白，就觉得应该和眼前的这个人在一起。当然硬要说的话，那肯定是老陈追的我。"

本来想听一个故事，却没有听到他们的故事。

我想说的，我想写的是大丁接下来说的一段话。

我问："那你为什么觉得应该和他在一起？"

大丁说："我以前觉得我嫁的人一定要很厉害，要会很多我不会的东西。老陈和那些一点都不沾边，但我和他在一起的时候明白了一件事，就是两个人在一起，总会有摩擦。你刚开始可能看到的都是他的优点，等到后面发现他的缺点时就接受不了了。最后会和我们在一起的人，一定不是完美的，但我们也一定接受了他们的不完美。没有人只有优点，他总有一个地方能恶心到你。恋爱不就是互相适应，然后发现彼此的缺点，比较之后对方还让你心动吗？"

我盯着大丁，说："大丁，我第一次听你讲这么多，我的鸡皮疙瘩掉了一地，你这样是在引起单身狗的公愤，你知道吗？"

大丁说："哈哈，那这些话你一定要写下来，我自己都吓了一跳，我居然能说出这么一长串道理来，我觉得这是我最有哲理的一次。"

转过头我把我和大丁的对话对老陈说，满以为老陈会回"陪伴是最长情的告白啊，少年"之类的，可老陈说："不不不，这些都不是重点，重点一定是因为我！长！得！帅！"

我说："去你大爷的，大丁真的是瞎了眼。"

我们常在开始时保护自己，于是吓跑了很多人。

好不容易有人留了下来，又因为看到了自己的另一面离开了你。

我们常说，谁和谁是天生的一对，谁和谁是完美的一对。

其实不是，留下的不过是那些看到你全部也依然对你心动的人。

这世上所有的久处不厌，都是因为用心。

thirteen

/ 幸福刚好够用 /

写了很多别人的故事，这次就来写写我这几年的故事吧。

2010年花了一整年写了一本书，叫《想太多》。不觉得这本书会怎
么大卖，也不觉得这本书能赚什么钱，只是觉得可以把很多自己的
想法和情绪变成文字印在纸上，是一件很幸福的事。

那时给所有的好朋友都发了短信，一半是自豪，将来可以说自己也
写过一本书；一半是焦虑，怕这本书会没有人喜欢。
最后的结果让我哭笑不得。

走路都快睡着了，有时候想想奋斗的日子也该到头了，可生活总是准备了一个又一个关卡。你拼命过了这个关卡，却发现前方还有更多的坎。实现某个目标后就能一劳永逸永远不适合大多数人，在黑夜行走的人等到阳光后还是会面对黑夜。但你知道你还会咬咬牙，继续往前走。不惧怕黑夜，是因为心里有光。

很多作者的首印数可以动辄十几万，而我这本书当年的首印数是：两千。

关键问题不在于首印数，而在于那时的出版社只是草草地把我的书放在了我家乡的新华书店里，就此没有管过这本书。没有摆上网站，没有去别的书店铺货，没有帮忙宣传，什么都没有。

于是我很头疼地从印刷厂里拿回了好几十捆《想太多》，把我家的旧车库清空，把这些书都放在了车库里，根本不知道应该怎么办。

之后很长一段时间里，那一千多本书都堆在我家的车库里。

没人知晓，没人看到。

唯一知道所有故事的人是包子，他问我："这么多书你准备把它们怎么办？"
我只能很诚实地摇头："我也不知道。"
包子说："这些都是你这么多年拼命写出来的，老子不管出版社怎么想，也不管别人看不看好你，这些书你交给我，我想办法。"
我问他："什么办法？"
包子说："这样吧，你先给我五百本，我把这些先送给客户。"
然后他很义气地帮我解决了五百本。

直到前年包子才告诉我，他去北京的时候，在路边摆了很久的地摊。
他只卖出去了五十本，剩下的四百五十本都被他硬塞给朋友了。
其实我早该反应过来的，那些年他在北京接连换了好几个工作，哪儿来的那么多客户！

还没等我把库存的书都解决，我就回了堪培拉。
回到堪培拉不久，我妈和我视频对话时，一脸兴奋地说："儿子，我帮你解决了五十本书！"
我问："你是怎么解决的？"

我妈没回答，只是说："这种事情你不用担心，你的书妈还没看完，但我觉得我儿子很棒。"

关了视频之后，这么多年来我第一次哭。

原本以为我什么都不害怕，原来我一直害怕我爱的人和爱我的人为我担心。

有时候人就是这么奇怪，受了天大的委屈都不会吭声，听到一句安慰的话，所有防线都能瞬间崩溃。

那天晚上我找包子聊天，包子说："先不管你的这些书，你接下来准备怎么办？"

我说："我仔细想了想我千辛万苦才找到自己想做的事情，真的不能就这么放弃。不能尿，不能怕，我不能对不起越发宝贵的时间，如果不去尝试就永远不知道结果，没时间站在原地永远疑惑有没有结果。"

"所以我要接着写。"

包子那阵子很穷，浑身上下只有两百块。这货自尊心又强，我和老陈借他钱他都不肯要，说是要靠自己渡过难关，否则对不起当初来北京时下的决心。那些日子里，我们无数次觉得包子要垮，谁都不知道他能不能坚持下去。

他说："卢思浩，我本来觉得只有我不靠谱，没想到你他丫的也不靠谱，哈哈，也好，将来真的穷困潦倒了，也能有个伴。"

我说："不不不，我这个人还是很靠谱的。"

明明可以换种活法，说不定活得更自在，但我们偏不选。

世界爱和你开玩笑，你走着走着，发现自己跑偏了，到头来自己都不认识自己；你走着走着，遇到一堵墙，你拼命翻过墙，发现墙后面是悬崖，你留下一句"靠"，然后摔得鼻青脸肿。你翻山越岭，你跋山涉水，再辛苦都没关系，只要能到你想去的地方。可大多数时候，我们跋山涉水，翻山越岭，却发现前头有着更高的山、更急的水。

最糟糕的是，你不知道还要翻过多少座山，才能到你想去的地方；你不知道眼前的这座山，是不是最后的那道坎。

有一天朋友问我，说，卢思浩，你怎么不害怕折腾来折腾去没结果呢？

我说我不是不害怕，而是我太笨拙，已经没有多余的力气去忧虑结果。

我不知道我的未来会去到哪里，但如果我停下来，我就哪里都去不了。我不知道眼前的这座山是不是最后的坎，可我必须翻过去看看才知道。

我记得2012年那些等待的日子。

我交完了自己的稿子，原定2012年就该出现的新书，却一直没有成书。我在堪培拉守着三个小时的时差，每天等待着消息，可我没等到。后来才知道我签约的出版社那时正面临分崩离析，没人顾得上我。我就像一个小小的海浪被巨浪吞没，悄无声息；我就像站在摩天大厦下的人，周围人来人往，没人在意。

我讨厌等，我害怕等，这种害怕一直伴随着那时的我。我不怕结果坏，我怕没结果。我能想象我的书稿被放在角落，慢慢成灰，而我没有办法挽救它。

我不知道自己能做什么，只能积极地打探消息，只能让自己平静下来，每天开始疯狂地看书。
只有在看书的时候我才觉得踏实，只有在奋斗的时候我才能有一丝安全感。

2013年夏天，在等待中，《你要去相信，没有到不了的明天》和大家见面，距离我交稿已过了一年多。而我人在墨尔本，没有第一时间看到这本书出来。

所以这本书出来的时候，我竟然没有什么实感，仿佛这本书就该一直拖下去，直到某天我自己都淡忘了里面的内容。

包子第一时间给我发了微信，一长串话比我还激动。直到这个时候我才意识到，这本书是真的出来了。

我突然想起第一次我把自己的想法变成文字的心情，这始终是一件幸福的事。

不管这中间的等待有多长。

如今时光一晃而过，我又去了很多地方，见了很多人。一个人越走越远，时常把曾经的自己扔在后头，但还是会及时地把曾经的自己捡回来。

低落时写："你只能被迫做选择，被迫和很多东西告别，走在岔路上，你才能明白你必须和以前的自己告别。那些走廊，那些教室，那些雨天，你的故事越写越厚，直到你再也找不到一个听完你全部故事的人。"

后来走过了那么长一段路，我才开始明白：我们的故事都越写越厚，想念的故事放个书签，至少你可以时常回头看看那些让你感动的时刻，并不一定需要谁来读完。我们的道路都越走越长，幸运的是岔路口还有人陪伴着，彼此聊天吐槽也不会累，思念的心就可以翻山越岭了。

能遇到一些愿意帮助你的或者陪着你的人，真的挺难得的。所以更要努力，才能配得上一路上遇到的贵人和运气。

所以直到现在，我还是会边听歌边写东西。
有些文是逗逼，有些文是故事，另一些则不知所云。

我不知道自己能写到什么时候，也不知道写这些有什么用。
只是常觉得我们太容易放大自己的苦，觉得自己孤身一人。未来会怎么样谁也不知道，或许好或许坏或许糟糕透顶，但在那些看似孤独的路上，每个人都在奋力前行。

你并不孤单。

▶▶　BGM: Maroon5 *Payphone*

fourteen / 身后有人在等待 /

1

回家路上正等着车，突然收到朋友的微信，祝我中秋快乐，才突然想起今天是中秋节。

我从小不爱吃月饼，那时月饼的口味远没有现在五花八门，我所接触到的都是蛋黄月饼。

那时我一直不明白，月饼里面加个蛋黄有什么好吃的。

但我妈最爱吃。

很多故事我都记不清，甚至有些我都不记得，但总有一些故事刻在我的脑海里。小时候夏天时的篱笆，漫天星星，我和爸妈还有爷爷奶奶，总是把饭桌搬出家，在马路边吃饭。吃完饭小小的我就去搬西瓜，奶奶把西瓜切开，一家人就这么边吃西瓜边和邻居打招呼。现在我有了很多小时候不曾有过的东西，却还是觉得那年的夏天，丰富多了。

长大以后不在家，中秋节也赶不回去。

一个人住得随意，也想不到给自己过一个中秋节。

更想不到去买一个月饼。

昨天和朋友吐槽，国内的中秋节还放假，我们都只能在工作加熬夜中度过。

基友说，哈哈哈哈哈，只有你这货要熬夜，哥早就完成任务了。

那时正值凌晨，两个人坐在阳台喝红牛。

基友突然说，今天的月亮挺圆。

我说，我突然想吃个月饼，甭管它是不是五仁的。

在家的时候觉得中秋节没什么，在外头了觉得中秋节挺重要。

独在异乡为异客，每逢佳节倍思亲。

真离家了才能懂。

只是不知道我妈今年有没有吃到她最爱的蛋黄月饼。

2

说起我的童年，作为一个吃货满脑子都是吃的。

街道上有糖葫芦，有棉花糖，有烤肉串，有夜宵摊，还有爱吃的干脆面。

小时候爱吃的菜包括糖醋排骨、红烧鱼、骨头汤、清蒸鱼、番茄蛋汤，还有我最爱的基围虾。

无一例外都出自我奶奶的手。

每天我都嚷嚷着要吃这个吃那个，我奶奶都会一一满足我。

有一天，我想吃虾，但晚上我没有在餐桌上看到我爱的基围虾，就自顾自发脾气。

任凭我奶奶哄我逗我，我就是以绝食表示抗议。

最后不知怎么的火大起来，把碗一扣，一个人跑进房间怒锁了房门。

那时候不记得奶奶的表情，现在回想起来却能想起奶奶落寞的眼神。

那时候住在乡下，我家前头有座山，不远的地方还有个池塘。
小时候最不缺的就是时间，我可以坐在门口看着蚂蚁走来走去看一整天，也可以花一个下午的时间看着池塘里的鱼游来游去，试图找到这些鱼的章法。

因为贪玩，我小时候掉进过一次池塘。那时是冬天，池塘结了一层冰，我心想这下可以滑冰了，二话不说就往池塘里跳。毫无意外，我没滑成冰，滑成的是三天的高烧。
从此我妈禁止我去池塘，只有我奶奶会在我妈上班的时候偷偷把我放出去。

小的时候我也爱看书，夏天的时候就拿着毯子往地上一放，把所有的书摊成一圈。我就躺在毯子上，时不时打滚，时不时看书。
没想到小学四年级我就看成了近视，爸妈急得到处带我看医生，可还是没有看好我的眼睛。我妈后来就禁止我晚上看书，禁止我看电视。

那时候我爱看书，也爱看电视。不能看书对我来说是一种无法言说的折磨，这时候是我奶奶偷偷送了我一盏小台灯，光源不大不小，正好能照亮我的书桌而不会透过门缝。

我就这么看完了一整套《灌篮高手》和《七龙珠》。

这就是我的小时候，平凡却又乐在其中的小时候。

因为我不了解世界，所以每件事情都让我欣喜；因为我身前有人遮风挡雨，所以每时每刻都充满动力。

3

成长以后感动点变得越来越高，哪怕一部再煽情的电影都没法让我感动。

但我看不得有关亲人的文字。

许久前看了一篇《我和爷爷》，后来有人扒那篇文章是假的，但依旧不妨碍我喜欢里面的情感。

我仔细回想我从小到大和爷爷奶奶的故事，却发现什么都写不出来。

不是什么都没有，而是不知道怎么去表述那一件件充满爱意却又平常的小事。

我妈说我七岁时，她对我说我长大了可以自己出门去玩了。

我就在一个中午吃完饭偷偷跑出了门，我这货从小就呆，出门连门都没关。

那时候正值午休，我妈有事回家一趟，刚回家就发现我人不见了，急忙满世界找我。

我妈说起这件事之前我对这件事毫无印象，她说完后我倒是想起来小时候好像有一次我妈急得直哭。

我却记不清了。

我奶奶说我刚上幼儿园时，死命拉着她不让她走。

幼儿园老师把我赶进教室，我刺溜一下就从门缝里逃跑了，跑到学校的铁门前直喊，我不要上学，我不要上学，上学又不能吃。

我奶奶好说歹说才把我送回教室。

她说起这件事时说当时心疼坏了，我一边惊讶于我那么小就知道学校不能吃了，一边拼命回忆这件事情。

可记忆里是一片模糊。

有时候不知道为什么回忆起小时候是一片模糊，记得的又是一些很奇怪的事情。

4

我很少会说如果能重来就好了之类的话。

做错了，跌倒了，没什么好说的，都是自己选择的。

错过的人，爱过的人，走过的路，都没什么，重来一次，我可能还是那样。

只是偶尔还是很想回去把那些小事记清楚。
多吃几顿好菜，以后你吃的次数会越来越少。
少发一点脾气，以后你会发现自己多么任性。
多陪家人一天，以后你会发现你有多爱他们。

这世上最拿我没辙的就是我妈，虽然她常黑我吐槽我外加时不时嫌弃我，一黑一个准。偷看我微博又怕我反感，哪怕我过得很好她都怕我在受委屈。她就是这样，你说的她都记着，你有点风吹草动她就会为你拼命。嫌弃都是假的，溺爱才是真的。

这世上最不会讲话的就是我爸，虽然他常一针见血地说出我的所有想法，但他跟我的交流一直都很少，直到最近几年我长大了，两人反而可以心平气和地说上很多话。他就是这样，一边对你说你要长大了，一边又担心你没有长大。哪怕你过得再好，他也觉得你需要照顾。

这世上最孤单的其实是老人，他们的圈子越来越小，他们的想法越来越少，他们想要了解你却又跟不上时代。可他们还是拼命地为你学会了用手机打电话，用电脑看你的消息，你不知道他们背后学得有多辛苦。

所以，请你一定要过得好，过得非常好；请你一定要把自己照顾好，照顾得非常好。好到不让家人操心，因为你是他们的安全感。

　　　／ 一起欣赏这世界全部的漂亮 ／

橙子和小八是我朋友中另一对修成正果的情侣。

橙子大三时认识小八，两人都在英国。橙子学的专业是三年制，那时他临近毕业，小八刚入学。两人在新生欢迎会上认识，橙子对小八一见钟情，但这厮居然忘了问小八要联系方式。

回家后橙子后悔莫及，连夜给我发信息说江湖救急！

我那时刚睡醒，睡眼惺忪打了个问号。

橙子说我今天去新生欢迎会打酱油，发现一姑娘是我喜欢的类型，但我没有联系方式，你说我该怎么办！

这世界每天都有太多错过的故事，却也有新的相遇。上一秒或许还是路人甲，下一秒却住进生命里，没什么道理可言。当你觉得不能再相信时，生活总会给你小惊喜。如果可以，希望你会遇见这样一个人，从错过到相识，从相识到相爱。所有的磕磕绊绊，都是为了一起欣赏这世界全部的漂亮。

我说，那你总该知道她名字吧？

他沉默半晌，说不知道。

我无言以对，最后只好说，那你就死了这条心吧。

但橙子并没有死心，他知道小八和自己同专业，就查了自己大一时的课表。每天上午起个大早打扮得有模有样，掐着点去教室等她。

一个月后他说起这事，问我："你说我怎么就等不到她呢？"

我问："你确定你查的课表没问题？"

他说："肯定没问题啊，我都是按照我大一时的课表去的……"

然后他的声音提高了八度："你大爷的！我才想起来今年换课了！"

我又一次无言以对，忍住掀桌子的冲动说："整整一个月，你都没发现换课了？！"

橙子说："我每次上课时都在想怎么和她开口说第一句话，哪管课上的是什么！"

橙子大学毕业后又继续上了研究生，他说两人就在一个学校，就不信遇不到她！

一年研究生过去，橙子又临近毕业，这回他经过深思熟虑准备回国发展。

毕业典礼那天，他最后一次去学校，心想这是最后的机会，就借着拍毕业照之名拉着基友满校园转悠。

功夫不负有心人，他还真在学校的一个角落看到了小八。他二话没说脱了硕士服就向着小八飞奔而去，但他又不知道小八的名字，只好边跑边喊："同学！同学，你等一下！"

那是他学生生涯以来回头率最高的一天。

小八那天戴着耳机，没听到有人喊她。如果当时她回头看，一定会被穿着T恤、戴着硕士帽又穿着皮鞋的橙子一路飞奔的情景吓到。

橙子远远地看到小八去了车站，奔到车站时已经上气不接下气，眼睁睁地看着公交车离开站台。

晚上橙子跟我说起这事。

他说，我这辈子都没可能再见到那姑娘了。

我问，那你彻底死心了吗？

橙子说，嗯，我这么倒霉的人没那个运气。

两天后他彻底回国，去了北京，就此告别他生活了近五年的英国和那个让他魂牵梦萦两年却不知道名字的姑娘。

2010年夏末，橙子给我打电话，这厮总是不顾及时差吵醒我。

我迷迷糊糊接起电话，就听到橙子大喊了一句："卢思浩，你猜我今天遇到谁了？"

我实在没心思猜："不猜，要么你告诉我，要么你就让我去睡觉。"

橙子说："……那你就别想知道了！"

我说："我还不知道你？你自己会告诉我的。"

刚挂电话两秒，橙子果然又打给我，这次他的声音提高了八度："我遇到小八了！"

我问："小八是谁？"

橙子说："就是那个让我一见钟情却怎么也没联系上的姑娘啊！！！"

然后他仰天大笑："哈哈哈哈，我终于知道她的名字了，哈哈哈哈哈。"

他笑得又大声又惊悚，惊得我手一滑，手机直接摔到地上。

从此，我接橙子电话之前都要深吸一口气。

他俩在金融街再次遇见，两人在一个大楼工作，那天橙子刚进电梯就看到了小八。

就像橙子自己说的，他一直是个倒霉的人，那阵子他特别倒霉。上班途中撞了车，下班途中丢了手机。

我听完他俩相遇的故事，说："你看运气就是守恒的，老天总不能让你一直倒霉下去。"

他说："早知道我就再倒霉一点，这样就能早点和她重逢了，哈哈哈哈哈。"

我说："橙子，你开心可以，但能不能不要哈哈哈。"

橙子说："你就忍忍吧，这是我这辈子最开心的一天，哈哈哈哈哈。"

我说："那你问她要联系方式了没？"

橙子愣了十秒，说："……我忘了，但是我看到了她的名字。"

我被他的天然呆弄得哭笑不得，只好说："……加油，总有一天你会要到号码的。"

这次橙子知道了小八工作的楼层和名字，终于等到了小八。他支支吾吾半天，不知道怎么开口说第一句话，还是小八先开口问他，他才说起自己在英国见过她一面，两人是校友。

几经周折，橙子终于拿到了小八的联系方式。

从此他又开始了每天起大早的生活，把自己打扮得人模人样，买两杯咖啡在电梯口等小八上班。

很快到了冬天，小八换了工作，到了北京的另外一角。

橙子把闹钟提早了两小时，每天提前去小八那儿等她。北京的冬天冷，橙子又为了耍帅穿得少，就这么冻感冒了，但他还是买两杯咖啡，一杯给小八一杯给自己，一天都没断过。

小八问："这么巧，你也换到这儿来了？"

橙子点头，说："是啊，好巧。"

他总是把咖啡递给小八，送小八到上班的楼层，和她挥手再见。然后转头狂摁下楼的电梯，直奔地铁站再转回金融街。

就这样，橙子迟到了整整俩星期，差点被开除。

冬天过完，橙子还是不知道怎么表白，两人在一起还是小八开的口。

那天橙子给我打电话，好在机智的我早有准备，把听筒声音调到了最小。

即便如此，我还是能感受到橙子的开心。

小八大一时橙子大学即将毕业，小八研究生时橙子去了北京。

不停错过的两人四年后终于在一起了。

再次和橙子联系时，橙子已经决定和小八结婚。

我问他，你们俩谈了不到一年，结婚会不会有点急了？

橙子说，我等了四年多才找到她，我不要再等另一个四年，我要和她结婚，一刻都不想等。

小八也说，我们这几年在不停地错过，她不想再错过这么好的一个人了。

但一切没他们想的那么简单。

小八是武汉人，她当初好说歹说才说服爸妈让自己来北京，但她也知道她爸妈一直都不赞成她留在北京。

小八说自己一直知道爸妈的态度，但没想到爸妈会这么反对。

橙子是哈尔滨人，他爸妈对于他的恋情也并不看好，说两人虽然都在北京，但毕竟老家都隔得远，结婚了以后走亲访友都麻烦。

小八那阵每天都能接到她妈妈的三个电话，橙子都看在眼里，心想要好好工作，这样多少能给小八一些未来的保证，偏偏那段时间他的业绩不断下滑。

小八说，我知道自己来北京人生地不熟，两人在北京都没有根，光是想在北京站稳就很难。父母不同意，结婚又是个现实的问题。哪怕不去想将来要面对的生活，光是结婚的开销就头疼，更不用提自己的爸妈可能都不会来。

我当然劝和不劝分，我说你看这世上很多人也面临这样的问题，胳膊总拧不过大腿，他们都撑过来了，你们肯定也可以。

小八说，你说的我都知道，可我真的不知道怎么办了……

我看小八都快哭出来了，顿时手忙脚乱，一时想不到任何一句安慰她的话。

坚持下去谁都知道，但摆在面前的现实似乎总是更为有力。

没多久小八辞了工作，对橙子说想放空一段时间。

没有人比橙子更了解小八，他知道小八的所有想法，勉强点头答应。

几天后我去北京，橙子约我吃饭，回家路上丢了钱包、丢了手机。

我说："肯定落在吃饭的地儿了，快回去找肯定找得到。"

橙子一脸淡定地往家赶，没搭理我。

我一时上火，说："手机、钱包丢了也不回去找，你是不是傻！"

他看看我，说："你不是说运气是守恒的吗？如果这样能让小八回来，丢就丢了吧。"

我说："这东西跟运气没关系，别强词夺理。"

橙子说："你说的我能不懂吗！我有种预感，这次小八走了，就不会再回来了！你他妈的能有我心痛吗！"

我刚想回话，他说："我只是想让自己好受些，你别说了。"

我叹气，无力反驳，更不知道该怎么安慰。

我不常在北京，后来我就没怎么再听到他俩的消息，直到某天我接到橙子的电话。

刚接起来又是橙子标志性的："哈哈哈哈，卢思浩，我要给你一个大惊喜！"

我说："真的？！"

橙子说："我和小八要结婚啦！"

我一下站起来："真的吗？！！"

橙子说："是啊，我求婚啦，小八答应了。"

我说："快把细节告诉我！"

橙子说："就是我约她吃饭，然后向她求婚，她说要嫁给我，哈哈哈。"

我叹气，心想，从橙子这儿果然听不到什么故事，就打给了小八。

我这才知道橙子是怎么求的婚。

他约小八吃饭，吃到一半接了个电话说了句公司有急事，就急匆匆地出了门，留下小八一个人哭笑不得。

后来小八就听到餐厅里放着橙子的声音，是一句一句的"我们结婚吧""嫁给我吧"。

小八何等聪明，一下明白了橙子要求婚。

这一句一句的话语只有小八知道，是橙子平时对她说的。橙子在他们交往期间只说了十八次这样的话，她以前对橙子惜字如金很不满，现在她才明白，橙子说这句话时从来没有带着一丝敷衍。

餐厅的服务员敲门让小八出门，这时她看到了橙子带着他俩在北京的所有好朋友在大屏幕下跳舞，放的歌曲是《结婚好吗》，大屏幕放着他们在一起时的所有合照，以及那张他们那年在新生欢迎会结束时拍的合照。

那是橙子这辈子唯一一次跳舞，笨拙得一塌糊涂，差点摔跤。接着橙子手捧鲜花，拿着戒指跪着和小八求婚。

他说："小八，这枚戒指是我工作以来存下来的所有钱给你买的，我能给你的不多，一颗理解的心和一双温暖的手。嫁给我吧！"

那时小八一直告诉自己不能哭，哭了就不漂亮了，直到她看到自己的父母和橙子的爸妈一起从人群中走出来对小八说："嫁给他吧。"

她再也没能忍住眼泪。

橙子是个天然呆，嘴又笨，小八一直嫌弃他对她说的"我爱你"太少。

这个不知道怎么才能表白、才能说出一句"我爱你"的人，花了每个周末去武汉见她爸妈，为了不让小八发现，经常是一大早去凌晨就回来。

她不知道橙子是怎么说服她爸妈的，但她一定知道橙子有多爱她。

"我爱你"是三个字，这是这世上被重复次数最多的三个字，对有些人来说却是最难说出口的三个字。"我爱你"可能变成心底的秘密，"我爱你"也可能变成嘴上的敷衍。

他不知道怎么说"我爱你"才最恰当，却用所有行动证明了"我爱你"。

这个世界上一定有跑得赢时差、撑得过距离的爱情，只要她相信，只要你坚持。

同样，这个世界上一定也有近在咫尺、天天见面却最终分开的爱情。

许久前看到一句话：我们只考虑分开对彼此都好，从来没有想过，如果在一起，对两个人有多好。

我想，这句话最适合对所有在挣扎的人说。

时间打败时间，爱情打败爱情，输给的不是别人，都是自己。

别忘了在一起对两人有多好。

橙子和小八在8月18日正式结婚。

我迟钝地今天才看了他们的结婚视频，看到小八哭着对橙子说："离开你独自旅行的那段时间里，一个人时我终于明白自己想要的是什么了。我当时想的都是你。和你一路错过，最后相遇，是我这辈子最大的幸福。"

橙子是我见过运气最差的人，他可以丢手机丢钱包丢钥匙，然后露宿街头；他可以买球必输，我靠着和他买相反的赛果赚了人生第一笔横财。

橙子是我见过运气最好的人，他可以和一眼爱上的姑娘最终相遇，然后相爱。

全世界每天都在错过，全世界每天都在相遇，全世界每天有人住到另一个人的生命里，全世界每天有人从另一人生命里搬走变成路人甲。

如果可以，把所有的运气都给你。

那你会遇到这样一个人，从错过到相识，从相识到相爱。

所有的磕磕绊绊，都是为了一起欣赏这世界全部的漂亮。

sixteen

/ 旅行的意义 /

旅行潮最热的前两年，我的基友也拿起背包一个人出走了。

走之前他意气风发，拍着我的肩膀说："哥也要去旅行了，我觉得我可以边走边思考人生，从此走向人生巅峰呢。"

我笑："少来了，你的跃跃欲试都是因为看到了书里写的那些艳遇。"

基友一脸严肃："哦呵呵呵呵，我是这样的人吗？"

我也一脸严肃："是。"

基友没理我，拿起背包头也不回地出发了，留给我一个帅气的背影。

每一分每一秒都在变老，快到没有时间去浪费；每一分每一秒都在流失，快到还没成熟就已经变老。还没把千山万水走遍，就已经没有气力；还没有把故事配酒喝够，就已经没有心情。所以不要辜负自己，不听熙熙攘攘的声音。每一分每一秒都要往前走，时间太短，哪怕来不及走遍万水千山，也要遇到一个合拍的人。

两周后我去车站接他，差点没认出他来。

他的帅气背包已经灰头土脸外加伤痕累累，只能用手托着；衣服上一层灰像两个月没洗过，唯一能让我认出他来的，是那比我还小的眼睛。

我一脸诧异："你这是去旅游了，还是去渡劫了？"

他说："渡劫！穷游你妹啊！老子再也不穷游了！"

"你大爷的，这年头小偷怎么这么多！刚下车我的手机就没了。还好我机智带了点钱，你说我是不是很机智？但是带的钱又不多，只能买个不知道什么牌子的山寨机，还是双卡双待的，但他娘的用了三天就坏了。你说，是不是很不科学，是不是？然后我没办法啊，只能买了个新的，这下子没钱住好的酒店了啊，然后我就跟着火车站的人走了啊，她说有住的啊。我想，这大娘看起来很实诚啊，不会骗我吧，结果住的地方没个窗户也没个空调，这也就算了，最关键的是没有水！你说是不是不能忍，是不是？"

这时候我已经快要笑到满地打滚，愣是摆出了一个严肃的表情，说："是！"

"我也不能忍啊！一气之下就买了个帐篷，此处不留爷，自有留爷处，天下到处是我家啊。然后我就到了露营的地方，你看天为被地为床，这是一幅多么壮阔的场景，你说是不是？谁知道我走错了路，我当时还想呢，怎么周围连个人影都没？但是我困啊，赶紧睡了。好在我还有搭帐篷的技能，这年头多学点技能就是好啊，你说是不是？谁知道我刚睡下，就听到自己的包'刺啦'一声，整个包都被划破了啊。这不是重点，重点是那个地方晚上有狼叫啊！我一个晚上都没睡好！"

这时候我已经在地上打滚了好几圈，好不容易才憋出一句话："那你的艳遇怎么样了？"

基友十分生气："你大爷的，我都这狼狈样了，姑娘看到我可不都躲得远远的吗！"

我拍着他的肩膀，一脸严肃："没关系，反正你不狼狈的时候，姑娘看到你也会躲。"

吐槽归吐槽，我还是把他接回了家，让他洗了个热水澡，请他吃了顿饭。

这是我听到的最悲惨的旅行故事之一，但我也知道一些很美好的旅行故事。

老陈的朋友我并不熟知，在云南时见过一面。那时听他说他是两年前来的云南，从此就在云南扎下了根。前不久他结婚，老陈还特地赶了过去，据说新娘特别漂亮，也是和他一样到了云南被云南留住的人。

还有一个毕业旅行的姑娘，骑着骆驼走过沙漠，唱着山歌走过草原，淋着大雨看过瀑布，租着自行车绕过城市。我认识她的时候她还在旅途中，很久以后我收到她寄来的明信片，附着她的两张照片，一张是她站在欧式街道上对着镜头笑，另一张是她站在山顶呼喊的侧脸。

看到照片的一瞬间，我就知道这姑娘找到自己想要的是什么了。

我们在年轻的时候，总是按捺不住自己想要去远方的渴望。我们待在自己的房间里，内心却想要去看世界。我们想要剧烈，我们想要经历，我们想要知道别人的生活。

我们都迷茫，我们都想逃，所以我们一次又一次地上路。

我们想要寻找丢掉的自己，我们想要逃离一个人的影子。

所以我们翻山越岭，所以我们跋山涉水。

所以我们想要在不知道名字的风景里，当一片自由自在的云。

只是旅行这东西是浪费时间，还是真能寻找一些什么，每个人都有每个人自己的答案。

我要说的是我的答案。

有段时间我也爱上了旅行，恨不得把想去的地方都去个遍。于是我省吃俭用，加上平时打工，虽然挣得不多，倒也勉强足够出行。

于是我去了很多地方，在窘迫时淋着大雨找屋檐，拿着背包在台阶上睡过一夜；在城市里迷过路，在乡村里扭到脚；遇过喜欢的姑娘，丢过手机丢过钱；也曾通宵爬山看日出，最后在地铁上睡过站。

但那段时间，我一无所获。

最后陪着我的只有越来越空的钱包。

消停了一段时间，某天我又准备出走。我带了钱包带了手机，到了机场才发现自己没有带护照。打电话回家， 我爸妈也不知道我的护照在哪里，在机场东奔西走之后还是无奈地得知我不能上飞机，最后只能退了机票。

飞机本就凌晨飞，退完机票接近天亮。我跟自己赌气，说你大爷的我干脆就在机场睡一夜得了。但那天我并没有睡着，我难得地静了下来。我只是听着歌，看着人来人往，突然很想知道在机场这些人来人往的脚步下都隐藏着一些什么故事，是什么让他们东奔西走，他们平静的面容下又有什么秘密。

我不知道，其实我也不想知道，我只是这么想着。

那一刻我突然发现，哪怕我能去再多地方，我也没办法把世界走完。

哪怕我经历再多故事，我也没法把这世上所有的故事都写遍。

就在这个时候，我在背包的夹层里发现了我的护照。

你大爷的。

找到了护照却丢了目的地。

我本来以为我的情绪一定会更糟糕，但是我没有，那一刻我突然想笑。

没能去想去的地方固然可惜，但身边的景色也没什么不好。

我们都太羡慕别人眼里的风景，于是我们一路飞奔，却忘了自己。

于是我开始明白，旅行不应该变成逃离苦逼生活的借口，总不能生活一不顺利，就想着扔掉一切去旅行。

我还是会推荐旅行，但比起风景，我现在明白更重要的是心情。

哪怕看的是同一片风景，心情不同景色都会变得不一样。

心情好时，走在路上都像在旅行。

所以旅行只是旅行，它能有什么样的意义，就在于你能给它什么样的意义。

如果你只是为了拍几张照片放在网上，旅行给你带不来任何意义；如果你还是把自己困住，想着让你不开心的事情，那也没有什么效果。自己把自己困住的人，去哪里都一样。

如果可以，我希望你和我一样，在没有时间没有余力时，不去想着旅行。在旅行时带着喜欢的歌和喜欢的书，去哪里都无所谓。

在旅行的间隙听喜欢的歌，在陌生的城市做喜欢的事，在安静的夜晚看喜欢的书。

工作时务力工作，旅行时心安理得，遇见一些人然后告别，和善良的人交换故事。

然后永远记得回家的方向。

我们都在翻山越岭，一路飞奔，但也别辜负身边的每一处风景。

只有不辜负身边的每一处风景，去远方才能有意义。

seventeen

/ 逗逼的自我修养 /

某天早上我睡得好好的，梦里出现了火锅。

我正在捞虾滑，突然听到虾滑说："感觉自己萌萌哒。"

我心想，这年头虾滑也会说话，果然很萌。

然后转念一想：等一下！煮熟的虾滑怎么会说话？如果是生的说话那还可以理解！难道我是在做梦？哈，别傻了，怎么可能是做梦呢？

然后我猛然从床上坐起，这时我听到大刘在客厅放着《小苹果》做早饭的声音。

我掀被而起，你大爷的，还我小龙虾！

我们在想哭时假装开心，在黑夜里等待天亮。我们都害怕一个人离开，于是想方设法取悦对方。有时你准备了一箩筐笑话，也取悦不了一个不再喜欢你的人。友情爱情都一样，重要的是能找到一个会陪你一起认真，也会和你一起欢笑吐槽、一起放肆的人。

大刘正跟着《小苹果》的节奏左右摇摆，嘴里唱着："你让我每个明天都变得有意义，生命虽短爱你永远不！离！不！弃！""苍茫的天涯是我的爱……斟满美酒让你留下来，留！下！来！"

我完全不知道他在唱什么，实在受不了打断了他："大刘，你还我小龙虾！"
大刘一脸惊讶："什么小龙虾？"
我说："我不管，你快去给我买小龙虾回来。"
大刘说："墨尔本哪儿来的小龙虾？"

我说："那把你的早饭给我！"

大刘说："哈哈哈，哥的早饭味道果然很好吧，有没有觉得哥棒棒哒呢。"

我无言以对，沉默着回了房间。

刚有了睡意准备继续睡，大刘来敲我的房门。

我说："大刘，你一大早就这么吵我，你是想逼死我？"

一开门还真看到了大刘端着他的早饭，一脸猥琐地笑："你看到哥还能睡着？难道你看到哥不会被帅醒吗？我跟你说，我刚才在洗手间看到一个英俊潇洒、眼神深邃、具有忧郁气质的帅哥出现，太帅了，我差点给他跪下。"

我说："我知道你在夸我，下次我们可以低调点……"

我话还没说完，大刘说："然后我离开了镜子。"

当时我心里只有一股想把门一下关上让早饭糊他一脸的冲动。

大刘是我年初搬到一起的室友，是Tim哥的多年好友。

他说自己曾经的志向就是做一个有趣的人，现在终于得偿所愿。

我说你只是在这条路上跑偏了，变成了一个逗逼。

Tim哥来了一句：对于长得丑的人，逗是他们唯一的出路。

我俩不约而同地看了一眼大刘，若有所思地点了点头。

前两天大刘买了一打啤酒回来，把我和Tim哥叫上，在我们两人面前一人放了一瓶啤酒说：“这就是你们俩的量，剩下的都是我的，别和我抢，我要打十个！”

我说：“你以为自己是叶问啊，还打十个，你的酒量最多五瓶。”

大刘愤愤不平：“尼玛，要不要来赌！”

我说：“我赌十刀！五瓶！你要能喝完十瓶，我给你二十刀！”

大刘一拍桌子：“好，你说的，一言为定！”

Tim哥在一旁淡定地看着我俩，说：“我赌五毛，五瓶。”

……

半小时后，大刘喝完了五瓶，起身去了厕所，我和Tim哥得意地笑。

一小时后，大刘喝完了八瓶，厕所吐了两回，我和Tim哥目瞪口呆。

一小时二十分钟后，大刘开了最后一瓶，整个人摇摇晃晃。我觉得他今天不对劲，一把抢过酒瓶，说：“我输了，别喝了。我们输你二十刀五毛。”

大刘把酒瓶抢了回去，说：“你们谁不让我喝，我就跟谁急！”

然后大刘掏出手机，放了首《我爱的人》，开始号：“我爱的人不是我的爱人，她心里的每一寸都属于另一个王八蛋。哦，王八蛋，幸福得真残忍。哦，她已有了王八蛋，哦，我又爱又恨。”

我刚想开口阻止他，Tim哥拿起手机给我看了一眼日期。

Tim哥说，一年里的其他所有日子我们都能吐槽他，只是今天不行。

大刘所说的爱人，我们都知道是谁，就是他做手机屏保的那个姑娘。

而今天是姑娘几年前结婚的日子。

新郎是他嘴里的那个王八蛋。

其他日子他都是段子手，只有今天他是矫情狗。

大刘喝完最后一瓶，倒在地上一动不动，只是嘴里嘟囔着那个名字。

我从没见过大刘这一面。

第二天一早，大刘敲开我的房门大骂："卧槽，哥醉了，你俩也不知道把我扶回房间，哥这么帅，感冒了怎么办？"

我说："你胖得我俩拖都拖不动，我这不是给你盖毛毯了嘛。"

大刘拿着我翻箱倒柜找出来的床单咆哮："这尼玛是毛毯吗！这是床单！"

转头他走进了洗手间，没多久传来一句："还好没感冒，感觉自己帅帅哒。"

大刘和姑娘谈了三年，有两年半的时间都在异地。

姑娘和他闹分手时，说了一句"我喜欢有趣的人"。

从此大刘准备了一大堆段子，生生把自己从高冷变成了逗逼。

姑娘和他又继续谈了半年，又开始闹分手。

大刘上蹿下跳使尽浑身解数，把准备好的所有段子都说了一遍，姑娘只是从头到尾皱着眉头看着他，一次都没有笑过。

分手后一个月，姑娘给他发短信说自己要结婚了。

大刘瞬间从段子手变成了单身狗，然后在每年的那天都会化身矫情狗。

从那以后他再也没谈过恋爱，变成逗逼的事实却无法逆转。

后来我们提起他喝醉的事，大刘说："是不是觉得哥喝醉了也是英俊潇洒的？"

我吐了一轮："呸！"

Tim哥说："其实你可以不用每次都喝醉的，分手后一个月就结婚，他俩肯定早就勾搭上了。"

大刘说："蠢，我喝醉又不是因为她，我喝醉是因为哥喝醉了也是英俊潇洒的。"

我和Tim哥无言以对。

然后大刘说："其实我怎么可能不懂，喜欢有趣的人这句话我也知道，都是借口。只是想到这样能把她多留住一天，就会忍不住这样做。"

他突然一本正经起来，我反而有点难受。

聚会时怕冷场，就喝得最多唱得最嗨调动全场气氛；聊天时怕尴尬，就说得最多开很多玩笑自己笑得上气不接下气；爱人时怕自卑，就准备一箩筐笑话哄对方开心。

其实有没有效果他自己心里最清楚，只是还是忍不住这样做。

其实气数已尽无法挽回他最明白，只是已经决定要用这样的方式告别。

既然要告别，就开心点吧。

既然要难过，就逗逼点吧。

这样记忆里的自己，至少是笑着的。

我们都在想哭时假装开心，在黑夜里等待天亮。

我们都在害怕一个人离开，于是想方设法取悦她。

到最后才明白总要取悦太累，彼此舒服才最合适。

我突然明白，对大刘来说，逗逼是自己选的生活方式。

开心起来是真开心，失落起来也好掩饰。这是一种自我保护，也是一种生活态度。

谁没个难过的时候，只是他宁愿让别人看到自己整天逗逼嘻嘻哈哈，也不想让别人看到他失落难过疲倦不知所措的样子。

天塌下来一句哈哈哈，不代表他没心没肺，只是他明白这是他遭遇挫折时，最好的面对方式。

有时你准备了一箩筐笑话，也取悦不了一个不再喜欢你的人。
真正重要的是那些被你逗乐、跟你一起逗逼嬉笑怒骂的人，因为他
们都看到了你背后的认真。

eighteen　　　　　　／ 愿我们在彼此看不到的
　　　　　　　　　　岁月里熠熠生辉／

小学时我一直住在乡下，初中考去了市里。那年头考去市里还没有那么容易，和我同一个小学的小伙伴都分散在城市的各个角落。有个和我小学同校的跟我初中同班，我跟他并不熟，只依稀有个印象。

理所当然地我们最先熟络起来。

刚开学一个月我每天放学都和他一起走，路过路边摊一起买肉串，再吹牛扯皮聊聊小学旁边的那座小山，和那片"飞机场"。那片这些年我和曾经的挚友失去联系，也和偷偷喜欢的姑娘失去关联。在不断的失去中，我懂得珍惜了，虽然有些后知后觉。好在身边还有朋友陪着，难过时可以找他们吐槽，不爽时跟他们一醉方休，不管多远都能保持联系。我庆幸身边有这样的人，因为生活归根结底不过那么五个字：珍惜眼前人。

"飞机场"其实不是真的机场，只是一个镇上的活动中心，篮球场图书馆小公园都在这儿。不知为什么，活动中心正中央摆着一架飞机，用栏杆拦了起来。据说是当年解放战争时留下的飞机，这里也曾是战场，飞机摆在这里留做纪念。

我不知道是真是假，但新奇的玩意儿总能引起孩子们的兴趣。即使我已经搬去了市里，我也很想念那架老旧的飞机。

没想到上了初中还能遇到以前同校的小伙伴，感觉儿时的记忆还有个人可以分享，为此我一直很庆幸可以遇到他。

那时我常跟他说有机会一定要一起回去玩。

他点头说好。

他的基础很差，很快就被其他人落在了后头。

那年头成绩差的人，要么痞要么闷。痞的不受老师待见，却能俘获一堆小姑娘；闷的不会被老师针对，却会被班里的人嫌弃。没缘由的，每个班里都会有这样的"出气筒"。可能太过年轻的我们都不懂"偏见"这两个字能给人带来多少伤害。

后来他的座位换到了最后一排，我那时因为近视换到了第一排。

他开始不怎么跟我搭话，放学时也不等我，总一个人走。

我当时也生气，想着既然你不搭理我，也别想让我搭理你。

两个星期后他挂了彩，手骨折，老师说他是在骑车回家的路上摔的，可我怎么看都不像是摔的。早读课后我想过去问问他到底怎么样，转头看到他坐在自己的座位上低着头。明明我们身在同一间教室，他的身边却像竖起了一道墙，没有人搭理他。

我不知道我走过去班里的人会不会笑我，我又想起他前几天也没有

理我。正当我踌躇时，上课铃响了，我咬咬牙打消了去跟他搭话的
念头。

就这样我们的交集开始变少，到了初三他的成绩也没有起色，变得
越来越沉默，一个人来一个人走，几乎不跟班里的人说话。

中考前那天我们早放假，我回家赶上了《体育新闻》，电视里正放
着姚明的火箭队，我接到了他的电话。

我有些不耐烦地说，我正在看姚明呢，有事吗？
电话另一头传出怯生生的声音，问我，要怎么样才能面对中考？
我说，这问题我怎么知道，明天就要考了，今天也做不了什么了。

他在那头还说着话，电视里放起了五佳球，看到姚明我惊呼
"YES"就没有听清他说什么。我回过神来问他，不好意思刚才没
听见，你说什么？
他说没什么。
就挂了电话。

高中时我回了一次老家，特地去了那个所谓的飞机场，才发现那架
飞机已经散了架。听我妈说一开始是小偷偷零件，后来是偷座位，
最后连机翼都锯了。被偷成这样也就不维护了，就一直那样突兀地

存在于篮球场的旁边。

我想着那天他或许说的是有机会再回来玩，也或许不是，但我想不到他还有什么话好跟我说。

最后他跟我失去联系，我居然也找不到去联系他的理由。于是他给我留下的印象，只剩下那张怯生生的脸和每次课后都蜷缩在座位上的身影，有关他的回忆就像那架散架的飞机，只有片段，支离破碎。

大一时我刚到堪培拉，人生地不熟。就在网上找了个同校群，在里面问学姐们堪培拉有什么推荐的住处。等了很久果然没有美女学姐搭理我，直到我准备下线时出现了一个学长，学长给我推荐了好几个住处。

那时我不懂什么叫麻烦别人，就缠着学长问东问西。学长问我什么时候到堪培拉，我说还要过一个月。学长说，我明天抽个空去帮你实地考察，给你发照片过来。我说太棒了，回堪培拉我请你吃烤翅！

学长姓陆，老陆那天真的给我传过来了二十几张照片。

后来我到了堪培拉才知道，要把那些地方走完怎么也要三小时，作为苦逼大学生，那时的我们谁都没有车。

我执意要请他吃顿好的，他硬是推辞了。

后来老陆就成了我在堪培拉最好的朋友。他住得离学校近，有时候通宵赶作业我们都往他家里赶，一个作业组一般都是四个人，于是我们四个人每次做完作业都会在他家打会儿牌，我也是在那时学会了一种很好玩的牌：掼蛋。

掼蛋需要两个人一组，我每次都和老陆一组，每次都被他扯后腿。

那时临近期末，老陆一咬牙，说，我要闭关一个月，一个月后考完我再出关，到时候我们杀个通宵。

老陆考完就毕业了，要走时我们送他，打了一晚上的掼蛋，一早把老陆送到机场。快到机场时，我们拿出一壶酒，说要走先干了这杯。

老陆说，你他妈的还让我飞吗？

我说，就喝一口，你既不开飞机也不打飞机，有什么好怕的。

老陆跟我们干了那杯酒，在机场跟我们告了别。

之后那年我自己忙着毕业，就很少跟老陆聊天。本来约好回国见，可不知怎么再也没见成。

还好我们一起打的最后一局掼蛋，赢了。

说起来跟我失去联系的，远不止他们两个。

以前说好要一起看世界杯的哥们儿，以前每天蹲图书馆时总是同一时间出现在同一地点的姑娘，熬夜通宵一起买红牛的组员，有阵每天早上都给我打电话叫我起床的姑娘，居然都跟我失去了联系。

两年前我离开堪培拉时，曾经跟一个姑娘约好要互相寄明信片。回国后我到处跑，居然把这件事忘了。2014年6月我妈给我发微信说收到了一张寄给我的明信片，我看了一眼字迹，没想到她居然还记得。

我看了一眼邮戳，不是澳大利亚的，我想照着原地址寄回去，才发现明信片上没有留下她的地址。

很多画面在我的脑海中定格，变成黑白电影，我记不清那些画面是什么颜色。

有时我能很清晰地想起一些片段，有时我又会突然想不起他们长什么样子。

慢慢地，我也很少想起这些了。

今天我看了《速度与激情》，是的，看得有些晚。关于电影我有千万句话想说，想说曾经和基友在夜里把电影看了一遍又一遍，也想像那样炫酷地开车。可最让我感触的，还是结尾曲响起的时候。

See you again.

人到了二十多岁，生命就开始不断地做减法，有时他会用这么残酷的方式提醒你，要学会珍惜。有时他也会让你后知后觉，原来你已经和某些人见过最后一面了。而有些人，是你自己把他弄丢的。想说的"对不起"，想说的"谢谢"，都来不及也没办法再说了。

这些年我和曾经的挚友失去联系，也和曾经偷偷喜欢的姑娘失去关联。曾经习以为常的东西被时间变成了奢侈品，比如常常聚会，比如有个午后的闲暇时光，比如能遇见一个让你全心全意付出的人。

好像从没有认真告别过，却又好像一直都在告别。我们总是毫无缘由地相信友情这东西可以打败时间，最后却又被时间打败。我们总是在分别的时候说着保持联系的话，以为可以常来常往，却发现最难的竟是保持联系。

离开太久的人，已经久到不知道该怎么联系了，怕开口变成客套的寒暄。也不是多想念，就是希望每个失去联系的人都能过得好。如果有机会还能再见面，一起去喝一杯，一起去吹吹风，再聊聊这些年的故事。

我多么希望他日我提着老酒，你们还是我的老友。

在跟这么多人失去联系之后，我学会珍惜了，虽然有些后知后觉。
这几年我一直东奔西走，去北京去武汉去上海再去墨尔本，好在身边还有那么多人陪着。我难过时可以找他们吐槽，不爽时跟他们一醉方休，不管多远都能保持联系。
这些人，我再也不会轻易弄丢了。

我感激每个在我生命里出现过的人，我知道他们都是我的一部分，让我变成了现在的自己。
还陪伴在身边的，常来常往，保持联系。
在路上走散的，原谅我只能在心底和你说声"再见"。

愿我们在彼此看不到的岁月里，熠熠生辉。

▶▶　BGM：　速度与激情 *See You Again*

nineteen

/ 土豪小姐的演唱会 /

前阵子去成都签售，胡幽幽在微信里威胁我请她吃饭，否则她就混在群众中，在提问环节时问我奇葩的问题。

我大义凛然："幽幽，你提好了，看哥一一化解。"

胡幽幽说："那我就起哄让你唱《小苹果》外加跳舞！"

我心里一句"我擦"，立马投降："女侠饶命！地点你定！"

我是个吃货，所以我身边的朋友大多是吃货，胡幽幽也不例外。

但作为一个地道的成都人，胡幽幽告诉我这是她几年来第一次吃芋儿鸡。

我想把我所有的人生故事都分享给你听，可是你听不进去；我所有的沉默背后都有无数的话想告诉你，可是你也不懂我的欲言又止。每个顺其自然背后都是想改变却不得的努力，每个洒脱背后都藏着不舍，每个放下前都是挣扎，每个人心里都有不可言说的秘密，听不到是因为那人无心再听。有些故事、有些情绪，只能留给懂的人听。

我一拍桌子："胡幽幽，你有没有一个吃货的觉悟！这么好吃的东西你居然放着不吃，作为吃货组组长，我觉得你必须给我个合理的解释！"

幽幽白我一眼，说："我擦，这是什么，你自封的吧？"

然后她说："还不是我前任不能吃辣，我也就不吃了呗。和他在一起我觉得糖醋排骨都好吃，前几天我自个儿尝了尝，却一口都吃不下去。"

我这才想起来，她和她前任分手也一年多了。

我和胡幽幽的共同点，除了爱吃，还有都爱看演唱会。

我爱看演唱会一是喜欢演唱会的气氛，二是演唱会上总能和许久不见的朋友见面。

而她爱看演唱会，是因为一个人。

胡幽幽高一时就喜欢上了她的前任顾彬，因为顾彬是班上第一个和胡幽幽讲话的人。

她到现在还记得顾彬对她说的第一句话："同学，这个座位是我的。"

……胡幽幽的孽缘就从这句无厘头的话开始了。

胡幽幽人如其名，做什么事都是静幽幽的。三年里，她连一个基本的暗示都没有，甚至见顾彬就躲。暗恋变成她心里的种子，在她心里发芽，吸收她的所有养分却结不了果，最后变成她的兵荒马乱。

我在大一那年认识了胡幽幽，那时我还偶尔会弹吉他，每周六下午都拿着吉他有模有样地练歌。那时除了我的室友没地可躲，没有谁能在我的歌声下坚持五分钟。

唯一听过我的歌声还能自愿留下的，就是胡幽幽。

胡幽幽有种特殊的藏歌词本技巧，总能在我眼皮下变出一本歌词本来。

有一天，她一本正经地说："卢思浩，《温柔》这歌只适合分手唱，你看真正的表白神曲是这首《听不到》。"

我说："幽幽，哥选《温柔》这首歌并不是因为它适合表白，而是因为它比较好唱……"

我至今仍记得幽幽鄙视的眼神。

胡幽幽一直以来最喜欢的歌就是这首《听不到》。

她说歌词写出了她的所有心情："世界若是那么小，为何我的真心你听不到。"

我调侃她："你从来不表现出来，谁能听得到？"

大一下半年，听说她因为家里的一些事回了国，好几年我都没有再见到她。

2012年，我回国赶上武汉演唱会，第一时间订了票，一刷朋友圈看到了她也会去看演唱会的消息，这才又见了一面。

同时我也见到了她那阵天天念叨的顾彬。

这还不算完，演唱会结束，胡幽幽传了一张他俩的照片，照片的描述是：以后的演唱会，我们都要一起来听。

然后顾彬在下面回：以后的每个节日，我们都要一起过。

我回：……能考虑一下单身狗的心情吗？浑蛋。

后来，我听幽幽讲了他俩最初的故事。

回国后，幽幽一个人买了演唱会的票，刷人人网看到顾彬也一个人去看演唱会的消息。她心想，这是上天的征兆，这次一定要大声说出口，向顾彬表白。

那天演唱会结束，两人都觉得意犹未尽，就坐在体育馆前的台阶上聊天。

刚看完演唱会的胡幽幽，正处于极度亢奋的状态，她想都没想，站在台阶上大声给顾彬唱："我的声音在笑泪在飘，电话那头的你可知道，世界若是那么大，为何我要忘你无处逃；我的声音在笑泪在飘，电话那头的你可知道，世界若是那么小，为何我的真心你听不到。"

顾彬就坐在她面前，目瞪口呆。

胡幽幽越唱越亢奋，唱到最嗨那段直接破音："听不到听不到我的执着，扑通扑通一直在跳，直到你有一天能够明了，我做得到我做得到我做得到……"

她心想，老娘豁出去了，大喊了一句："顾彬，我喜欢你！你他妈的为什么听不到？"

顾彬呆了老半天："高中你见我就躲，我还以为你讨厌我呢。"

胡幽幽高中三年外加大学一年的情绪，那天一次都爆发了出来。

这是个暗恋修成正果的故事。
只是故事还没有到结局。

2013年初，我在南京和老陈聚会，幽幽正好也在南京。
俗话说得好，火锅就得在重庆吃，小龙虾就得在南京吃！
嗯，这句话是我总结出来的……但我本着走到哪里就得吃到哪里的
革命精神，晚上带她一起吃小龙虾。

幽幽面对小龙虾居然打不起精神，只是一个劲儿地打哈欠。
我心说，这还是我认识的熬夜狂人外加吃货胡幽幽吗，就问她怎
么了。
她说，凌晨三点多和顾彬吵架了，一早就坐飞机来南京出差，睡了
不到一小时，怎么可能打得起精神。

我问她："你家顾彬不知道你今天要出差吗？"
她揉揉眼睛，说："他知道啊，哎呀，反正我也是经常熬夜的主
儿，没事。"

我说："累点倒没什么，关键是和他在一起你觉得开心吗？"

幽幽没回答。

2014年7月，我在上海的签售恰好在演唱会的后一天。

胡幽幽打电话给我："卢思浩，我这两天也在上海，咱们一起去看演唱会。"

我说："我没买到票，到时我们去体育馆看看黄牛，碰碰运气。"

她说："就知道你没买到票，别怕，姐有四张内场的。"

我忍住想要抱住幽幽大腿的冲动，在电话这头说："上豪，么么哒！"

但我没能准时赶到体育馆，到体育馆时演唱会临近尾声，就和小裴站在场外等散场。幽幽手机打不通，我就给她发微信，说自己在出口等着。

演唱会结束半小时，我也没有等到她，就拉着小裴去内场找她。

她就坐在原地，看着舞台发呆，直到我叫她，她才回过神来。

看到我后她急忙道歉："我一直在给外面打电话发微信。这信号也太差了，愣是把手机的电给打没了也没打通一个，也不知道微信到底发出去没。这不手机没电，我又忘了你在哪儿等，就坐这儿发呆，想着你总会进来找我。"

说完还一脸欣慰地用力地拍了一下我的肩。

……

年底又碰上演唱会，胡幽幽又给我打电话："卢思浩，这次的演唱会你去不去？"

我说："幽幽，我穷得连住宿的钱都没有……"

幽幽说："哎呀，这么不巧，我这次又买了两张票。"

我在电话这头竖起大拇指，一想不对她也看不到啊，就说："土豪姐，要不你把我的吃住和路费给报销了吧！"

胡幽幽在电话另一头一字一句地说："再！见！"

胡幽幽，我们俩之间深厚的友情呢？友情呢？

最后我还是没陪她看演唱会，那天晚上我估摸着演唱会快结束了，就给她打了个电话。

幽幽秒接，一副幸灾乐祸的语气："现在后悔了吧？"

我说："还行，我就是看看你的手机是不是又没电了。"

她说："还有70%呢，我压根儿就没拿出手机来。"

沉默半晌，她说："姐给你唱一首《听不到》怎么样？"

我说："我擦，这首歌不是你的死穴吗，你可别……"

没等我说完，幽幽就唱了起来，唱着唱着就没音了。

其实我知道，她想唱给顾彬听，可是顾彬听不到，于是这首歌只能变成她的秘密。

我的声音在笑泪在飘，电话那头的你可知道。

我的声音在笑泪在飘，电话那头的你不知道。

再次和幽幽见面，就是前两天在成都。

她说："卢思浩，我这些年看了这么多演唱会，发现了一件事。"

我说："难道你终于发现自己是个土豪这个事实了？"

她一本正经地点点头，说："对，但是我还发现了另一件事。"

我忍住把芋儿鸡糊她一脸的冲动，问："什么事？"

幽幽说："你有没有发现每次一看演唱会，手机和网络信号就特别差，可平时到体育馆的时候手机信号又特别好？"

我严肃地点头："这里面一定有科学解释。你看啊，信号好了肯定会影响音响效果，音响效果差了吧就会影响演唱会效果……"

幽幽打断我，说："你说的这套一点也不科学，我觉得最科学的一定是大家都在发微信或者在打电话。"

然后她特认真地说："你说会不会是因为大家都在打电话或发微信给重要的人，千军万马都抢着这信号，结果都没能发出去。

2014年我看演唱会时就在想，那些一个人来看演唱会的人，其实很期望有人能陪着。那些想拨通的电话，那些想发送的语音，那首想让对方听到的歌，要传递的其实都是一句——我希望现在你就在我身边。"

某年夏天，我也接到一个从演唱会现场打来的电话，我却认不出那是谁的号码。电话另一头不停地问我听得到吗，最后说我听不到你那边的声音，你也别说话，我把手举高点这样你就能听得清楚些。每次看演唱会时，我都能看到很多这样的场面，我自己也曾经是这些人中的一员。

只是我不知道，电话另一头有多少人是在用心听，又有多少人只是说句"我听不到"，就把手机丢在了一边。

我把眼前的风景拍给你看，我把我听过的歌哼给你听，我把我看过的书推荐你看。我要传递的信息根本就不是眼前看到听到的这些，而是我多么希望自己的人生可以有你一起分享。

How I wish you were here.
可惜你听不到。

幽幽说,2014年底那场演唱会,阿信说打电话给自己喜欢的人时,她却决定不再掏出手机打给他了。

独自看很棒的演唱会时,再也不会掏手机出来,一定要等到官方DVD发布再和喜欢的人分享。因为那些几乎要糊成一团光球的照片、根本听不清是谁唱的音频,和千军万马一起争夺冲出场馆的微弱信号,要传递的无非是一句"How I wish you were here"而已。

如今那个人已经不会再出现在我身边了,他也听不到了。
想分享的话也没必要再说,他也不会再懂。

第二天一早,我去重庆,幽幽来送我。
我说:"土豪,下次看演唱会记得叫上我。"
幽幽说:"浩叔,下次记得给我唱《小苹果》。"
我说:"千万别,我已经决心告别歌坛了。"
幽幽说:"没事,我唱歌也难听,不也在顾彬面前唱完了一整首《听不到》吗?"
说完她又从口袋里变出来一本歌词本,说:"这次你来没什么礼物给你,前两天抄了几首歌的歌词,就当礼物送给你吧。"

我翻了翻歌词本,说:"幽幽,我们朋友这么多年,何必这么客气，下次送现金好吗？"

胡幽幽一字一句地说："再！见！"

和幽幽又聊了几句，在车站告了别。

我坐在候车室，把幽幽给我的歌词本翻了又翻，却怎么也没能翻到那首《听不到》。

我想，这首歌在胡幽幽的心里还占据着很重要的位置，但也终究翻篇了。

我能想象那天她一定是鼓足了所有的勇气，才敢在顾彬面前唱这首《听不到》。

我也能想象她在每个想念他的日子里，都会一遍又一遍地听这首《听不到》。

有些吃的不是不好，只是不符合你的口味；有些文字不是不好，只是没到或过了读它的时候；有些人不是不好，只是时机不对。

在一起太早或太晚，都不行。

那时的我喜欢那时的你，如今的我依旧喜欢你，可我喜欢的是那时的你。

你看，你不是那时的你，我也不再是那时的我，感觉不能重来，错过了时机，就再也没了机会。

我想把我所有的人生故事都分享给你听，可是你听不进去。
我所有的沉默背后都有无数的话想告诉你，可是你也不会懂我的欲言又止。

临上动车前，我给幽幽打了个电话。
我对她说："幽幽，哥要走了，下次你来苏州，我请你吃清蒸鱼。"
幽幽说："算了吧，你们那儿的口味我可吃不惯。"
我说："那记得帮我多吃几顿芋儿鸡。"

你会遇到很多人，然后为了某个人停下自己的脚步。
你爱他你等他你陪他，最后你的真心进了水沟，你读不懂他的神情，他听不懂你的沉默。
你改掉自己的习惯，你改掉自己的口味，你变成了另外一个人，才能懂踮着脚爱一个人太久会失去平衡。
然后你跌倒。

但你还得继续往前走，就像幽幽找回了自己的口味一样。
这世上总有人适合吃糖醋排骨，也总有另一些人适合吃芋儿鸡。有些人闻不得臭豆腐的味道，有些人却对臭豆腐情有独钟。

每个人都有不同的口味，但总有一种口味适合你。

那些和千军万马一起争夺冲出场馆的微弱信号，大多能传到，只是有延迟。

就像你能懂一些人的沉默一样，那些在你沉默后藏着的声音，欲言又止中藏着的情绪，总有人会听懂的。

▸▸　BGM:　五月天《听不到》

twenty / 自己选的，绝不找借口 /

1

老唐是个偏执狂。

他的偏执体现在自己的每一次绘图里。他学设计，有时常会把自己的设计图给我看。我对这东西一窍不通，每次都是一顿乱夸。老唐听完后不动声色，几小时后他又给我一个版本，我愣是没有看出一点区别来。他发现之后不动声色，又过了几小时他给我看第三个版本。

如果知道结局回头重来，那么该犯的错我大概不会再犯，要走的弯路也不会再走，要表白的人也不会再表白。因为知道结局，所以不去尝试，可在犯错之后才能切身地体会，走了弯路后遇到的人，表白后发生的故事，也就不复存在。过去的一切让我变成今天的我，不管好还是不好，我都一并接受。

我能感受到电脑另一边老唐期待的眼神，可我还是只能抱歉地说："老唐，我真的看不出来有什么区别。"
老唐飞快地打了一行字："你看左下角的字体！字体变了啊！"
我掀桌："这他妈我怎么看得出来！"

老唐就是这样一个人，有时我们一起吃顿饭，他突然来灵感了就能拿起餐巾纸一顿画。我最为佩服的是不管是什么情况，他都能从口袋里掏出一支笔来。

2

同样偏执的还有捏捏。

捏捏是我一众朋友里年龄最大的，令人发指的是他明明已经是三十岁的人，却长了一张二十岁的脸。跟我们在一起毫无违和感不说，他还恶意卖萌，比如他叫包子包包，叫我浩浩。
第一次听到他这么叫我的时候，我很有一巴掌拍死他的冲动。
叫我浩叔！叔！直到后来我才发现，原来他比我大。

那些年和他一起毕业的同学，只有他还留在南京。有一天，他无意中提起身边的朋友要么就是混得好，要么就是有所妥协，只有他自己还傻拉巴唧地留在南京，拼命写稿，拼命想写自己的第二本书。
他的第一本书尤为失败，那是他积累三年的东西，却被批得一文不值。

有一天，我们聚会，聚会就喝酒，喝酒就喝醉，醉了他就话多。那时他的书稿又被退了回来，他一边大舌头一边破口大骂："我去他他他他大大大爷，老子不不不写了！不不写了！"
第二天他起床叹口气，又坐到电脑桌前开始改，怎么看也不像要放弃的样子。

很多时候我会觉得，梦想这东西，和厄运一个样。

3

大概因为我是个独处很久的人，我认识的人也大多在独处中。

老唐有一天说想一个人住一阵子试试，转眼就找了一个小房间，没有客厅没有厨房，二话没说住了进去；包子则是一个人在北京住了很久；我也是，一个人住了快五年。

或许也因为独处得够久，我们都有各自的生活习惯。我喜欢看书；包子喜欢半夜喝杯红酒再睡觉，如果身边没有红酒，他宁可出门跑几公里去买；老唐把学校图书馆当成自己家，不到天微亮绝对不回家。

偶尔会去基友的城市一醉方休，偶尔也会提到这么多年的故事，偶尔也会说要不要放弃。

很多人都说坚持就好，坚持一定有回报，然而有时世界会很残酷地告诉你，你不行。

我见过捏捏真心难过的样子，失魂落魄。

我们都希望自己前程似锦，可我们都前路漫漫。

我知道他在问自己，要不要放弃，要不要等。

而我无力安慰他，只能等他自己给答案。

后来他告诉我当时他给自己的答案，只有两个字：别急。

我知道的，你也不想等。

你害怕等，你怕等错，你怕等不到。可有些事没办法，你就得等，就像你选择了一条路，你没办法马上知道结果。没什么，等待有时是一个人的必修课，等错了，就从头来；等不到的，就给自己个期限，到了就不再等。重要的是，不要在等待中不知不觉忘了等待的初衷。

4

不知道从什么时候起，我的身边充斥着各式各样的论调。

感情世界里，经常被问的问题不外乎两种，一种是："你喜欢她什么？""还是赶快分手吧！""得了吧，看看现在的你和他，你们之间怎么可能会有未来？"

另一种是："你怎么还单身啊？""赶快找一个吧，你看看你周围的人，你怎么一点不着急？"朋友、长辈用一脸恨铁不成钢的表情看着你，你无奈地笑笑，甚至懒得去解释。

你 等 的 人 等 你 的 人 ， 都 是 懂 你 的 那 一 个

我 最 喜 欢 你 ， 因 为 你 让 我 活 的 最 像 自 己

笨 拙 的 人 爱 你 的 方 式

多 远 都 没 能 在 一 起

因 为 你 也 在 去 往 这 里

久 处 之 后 依 然 心 动

然后你会发现，问你这些问题的人，其实并没有好好地了解你。

当你在做一件事情的时候，他们开始问你："你做这些有什么用？"

看那么多书有用吗？画那么多图有用吗？每天晚上背单词有用吗？每天花时间去健身有用吗？偏偏有时候一些事情的成果无法在短期内看出来，另一些事情可能永远不会有他们想要的成果，于是他们告诉你，放弃吧。

可我好不容易才找到自己喜欢的生活节奏，为什么要改变它？

很多人都把努力看成一个短期回报，当短期内没有获得回报时就放弃了。其实不是，努力是一个长期的过程，有很多你之前经历的事会在之后显现出价值。只是它什么时候显现出价值，谁也说不准。

别急。

5

你一定也听人说过，放弃吧，不要再继续了。让你真正难过的是，你不得不承认他们说的是对的。那为什么还要坚持？

我见过很多人，他们都有着不为人知的坚持。他们从不去追寻这样的坚持有多么伟大的意义，他们乐意分享也乐意倾听，从不武断地给别人的生活贴标签。

这样的人让人欢喜，也让我明白了很多时候不是他们不懂，而是他们早就明白所谓的成果、所谓的回报，不一定要符合别人的标准。而他们的共同点都是，他们热爱自己现在的生活。

你着急吗？你热爱自己的生活吗？你想过放弃吗？
那么让你从头再来，你还坚持同样的选择吗？

为什么还在自己选的路上坚持？因为除了你以外，没人可以给你的人生盖棺论定，走到最后的人才能看到答案。这答案或许好或许坏，放弃的话，你可能永远找不到答案。也许我们都是萤火虫，自己的光跟世界比根本不值一提，却能让身旁的人觉得安心，这样就够了。

最难的其实是不辜负自己，所以我绝不浪费我现在拥有的，有些事是我跟自己约好的，和任何人无关。傻×了，撞墙了，自己选的，绝不找借口。

▶▶　BGM:　Eminem　*Lighter*

twenty-one

/ 笨拙的人爱你的方式 /

两个有关暗恋的故事。

说起青梅竹马这回事，我没有任何发言权。我因为搬家太频繁，在这件事上从一开始就输在了起跑线上。

对于青梅竹马这回事，老钱的故事就比我丰富得多。

老钱在穿着开裆裤时就认识了郭婷，那时他一点都不喜欢郭婷，因为郭婷从不爱和他玩。

你翻山越岭披荆斩棘，铆劲儿把自己变好；你心事重重小心翼翼，做很多他/她不知道的事；你一路飞奔默默关心，藏起自己。你想优秀到可以堂堂正正站在喜欢的人面前，说句"我喜欢你"。到头来你战胜了自己，千言万语却化成一句"你好"。有时喜欢就是这样，若无其事的问候背后藏着的所有，只有你自己知晓。

我插嘴，这不是废话吗，老钱，你从小就是个大胖子。
老钱瞪我一眼，说，快闭嘴，听我和你说接下来的故事。

郭婷越是不爱和他玩，他就越想要和她玩。他越是表现得想和郭婷玩，郭婷就越是讨厌他。在六岁时，老钱已经明白了一个真理：女人有时候是无解的。
老钱七岁时搬到市里上小学，没想到踏进教室见到的第一个人就是郭婷。那时老钱正苦恼着怎么和一个陌生的班级打交道，突然出现的郭婷在他眼中成了仙女下凡。

老乡碰老乡，老钱一激动就对着班里其他人说："郭婷我从小就认识，谁都不准和她玩！"

这句话便是郭婷在小学时再也没搭理老钱的原因。

鉴于郭婷的个性，我想，那时她心里一定在想：凭什么老娘只能和你玩？！

小升初，两人又分在了一个班。

老师让大家排队，按照身高排座位。老钱那时还没发育开，正好和郭婷一般高。老钱还耍了个小心眼，算准了位置，如愿以偿地和郭婷同桌。

老钱现在还总说这件事，总念叨：要是我现在还有当时的智商，还愁会挂科？

我说：老钱，依我看，那是你这辈子最机智的时刻了。

两人是同桌，但郭婷还是不爱搭理老钱。

郭婷和老钱坐同桌后的第一件事就是画三八线，老钱每次越线就被郭婷用尺子一顿乱打。老钱刚开始总越线，想逗郭婷，可实在禁不住尺子的一顿乱打，倒也老实了。

郭婷在初二的时候喜欢上隔壁班的班长。那班长是个大高个儿，老钱在他面前矮了一截，瞬间没了气势。

为此老钱天天逼着自己喝牛奶，而不久前牛奶还是他最讨厌的东西。

但真正让老钱苦恼的事情，绝对不是自己的身高，而是情窦初开的郭婷。

情窦初开的郭婷，疯狂迷恋上隔壁班的班长，以及班长喜欢的所有东西。这可急坏了什么都不懂的郭婷：艾弗森是矮的那个，科比是高的那个，姚明是最高的那个，麦迪是眼睛永远睁不开的那个……欸？为什么加内特长得和科比一模一样！

……尼玛，加内特哪里和科比长得一模一样了！

作为从没看过且对篮球毫无兴趣的郭婷，为了能和隔壁班的班长有共同语言，没办法只得请教同样喜欢看篮球的老钱。

老钱一开始拒绝了，心想让郭婷和别人玩就算了，怎么可以把郭婷推向别人？！但老钱看着郭婷的表情，实在不忍心，叹口气把一本篮球杂志扔在了郭婷面前，说要了解NBA就先从《篮球先锋报》开始吧，以后有不懂的再问我。

要命的是，老钱在那一刻明白自己已经彻底喜欢上了郭婷。

人这生物最奇怪的就是：你永远不知道自己多喜欢一个人，直到看到她爱上别人。

没办法逆转。

老钱和隔壁班的班长是截然不同的人。

隔壁班的班长的青春是热烈是激情，是校队队员，是晒不黑的高个子，是郭婷心目中的焦点。

老钱的青春是平淡是沉默，是无名小卒，是黑皮肤的矮个子，是郭婷不在意的角落。

你爱的人爱你时你是全世界，你爱的人不爱你时世界都和你没关系。

老钱和郭婷的高中是初中直升，两人成绩相近，又分在了一起。

两人成了名副其实的青梅竹马，两人的关系比刚进初中时好得多，自从郭婷开始向老钱请教体育问题以来，两人渐渐什么话题都聊。但郭婷说得最多的，永远是隔壁班的班长。这时老钱长开了，初三那年一下长了十厘米。

这时，郭婷和老钱讲话已经需要稍稍抬起头了。

老钱终于长到了想要的个头，他俩之间的那道坎却没办法跨过去了。

高一那年，老钱坐在教室的倒数第三排，郭婷坐在第二排。郭婷每次下课都会坐到老钱旁边，两人一起讨论今天的比赛。不知道他们情况的人，一直以为他们是情侣。

不知是有意还是毫不在意，郭婷也从来不去澄清。

直到高三那年，她和隔壁班的班长走到了一起。

大学，两人终于去了不同的城市。

老钱常说自己不能一抬头就看见郭婷，挺奇怪的。这也难怪，从小学一年级起，整整十二年，老钱都能够一抬头就看见郭婷。

郭婷趴在桌子上睡觉时一定会把脸朝向右边，郭婷难过时一定会捏两下自己的鼻子，郭婷看到喜欢的东西时一定会先深吸一口气，郭婷撒谎时一定不敢直视对方的眼睛。

这些习惯，除了从小和她一起长大的老钱，或许没有人能注意到。

大二那年，郭婷去南京找老钱。

郭婷一路上有说有笑，但老钱还是能察觉出来郭婷的不对劲，只是老钱什么都没问。

那天老钱陪了郭婷一通宵，第二天郭婷就回去了。

郭婷走了之后，老钱才在微博上看到了郭婷分手的消息。

老钱立马买了车票，站了五个小时，去往郭婷所在的城市。他一路狂奔，终于到了郭婷的学校。这个看到消息下一分钟就买车票，二话没说就奔向郭婷大学的老钱，却在校门口犹豫了。

后来老钱又一个人跑回了南京，没有告诉郭婷。

那时我听到这里，没忍住直接骂了他一句："喜欢她干吗不说！"

老钱说，因为我了解她啊，我和郭婷从小一起长大，她喜欢一个人时的眼神，我一眼就能看出来。

我从来没有在那个眼神里住过。

另一个故事，发生在墨尔本。

我刚上大学的时候有个姑娘对我特别好，好到每天给我带早饭。好在我天资聪颖，很快就发现了她喜欢的是我室友，但又不好意思只对我的室友好，于是就把我的早饭一起做了。

当然让我有这一重大发现的原因，是姑娘每次都给我的室友多加一个鸡蛋。

浑蛋！为什么不顺便多给我一个鸡蛋！

因为知道了姑娘的用意，我也很不好意思就这么吃着，找个时间请姑娘吃了顿饭。吃饭时，我说喜欢我室友只要给他做饭就好了，不用给我做，怪不好意思的。姑娘说，你千万别拒绝，这样他就会看出来了。

我摸摸肚子想了想，既然如此那就暂时不要拒绝了。

付出这种事分很多种，有的人掏心掏肺把自己都扔进去，声势浩大气势如虹；有的人小心翼翼，为了不让他看出来自己对他好，她选择了对他身边所有的人好。

这两种说不好哪种更好，前一种很有可能就修成了正果，但也很可能对方不想要，你的付出既挖空了自己又拖累了别人，总之这是一种高风险、高回报的付出方式。

第二种的成本就小得多，不至于到头来连朋友都做不成，但风险小的另一个结果就是回报小，很可能让你付出的那个人，到最后也没能发现你喜欢他。

姑娘选择的就是第二种。

室友的行踪经常飘忽不定，连我都不知道他每天都去了哪里。有一天半夜他喝醉，打电话给我的却是姑娘。等我赶到时，室友醉倒在麦当劳对面的草坪里，手里还拿着咬了一口的汉堡和撒了一地的薯条。姑娘蹲在他旁边，打着一个又一个电话。

我心想，人都醉成这样了，居然还有心思买个汉堡套餐。

姑娘看到我来了，赶紧叫我过去，我们两人合力把他搬上了出租车，她转头就走了。

我赶紧叫住她，问她，你要去哪里？姑娘说，你来了就好，我回家了。

我说："要走就一起走啊，我先送完他再送你。"

姑娘说："没事，我家就在附近，你记得让他多喝点水。"

很久以后我才知道，姑娘家根本就是在另一个方向。

第二天这厮酒醒了直喊头疼，完全不记得昨天晚上是怎么到的家。

我刚想告诉他是那姑娘送他回来的，可想到了姑娘平日的种种，又觉得这话不该我替她说。

室友白天清醒的时候，倒是一个爱看书的主儿。他看的书五花八门，从严肃文学到色情小说，从日本文学到欧美文化，什么都看。

有一天，姑娘来我们家，室友正好有事出了门。姑娘对着书柜看了很久，我问她，你盯着这些书这么久，是看到什么喜欢的了吗？

姑娘两眼放光地问我："欸，你说哪些书是他看的呀？"

我花了一会儿把他看的书分了类，姑娘又呆呆地看着书名很久。

我问她："你这是在看什么呢？"

姑娘说："我要把他看的这些书都看完，还有他平时都喜欢什么歌，你跟我说说。"

我又花了一段时间，想了想我们平时唱歌时我室友常点的歌，列了个歌单给她。

姑娘拿着歌单问我："你说我听完了这些歌，是不是能更接近他了？"

我问："你准备什么时候告诉他你喜欢他？"

姑娘说："等我看完了这些书，等我听完了这些歌，等我觉得我能懂他的时候。"

姑娘说这话的时候一脸笑容。

千千万万个你以为，故事偏偏给你一个没想到。

室友在我大二的时候转了学，去了另一个城市，说远不远说近不近，坐车要四个小时。走之前姑娘来帮忙收拾东西，我在一旁示意她今天再不表明心意以后就晚了，可姑娘对我视若无睹，一门心思地帮忙收拾。

什么也没做，什么也没说。

第二天一早姑娘敲门给我带了早饭，说自己想去他在的城市看看他。

我说这敢情好，你终于要表明心意了。

姑娘给了我一个我读不懂的表情。

一个星期后姑娘回来了，给我带了一堆吃的。我边吃边问故事进行得怎么样。姑娘说我去了他的学校，我跟他见面了，我们一起喝了个下午茶，然后我就自己玩了几天。

我问，就这样？然后呢？

姑娘说，就这样。

室友先我一年毕业，回国结婚去了，在我还在头疼写着paper（论文）时，他在朋友圈晒起了结婚证。

姑娘一直没恋爱。

姑娘生日在室友结婚后不久，我也去了。

姑娘抱着一大摞书摆到我面前，说这些是我没能看完的书，就送给你吧。

我低头，这些书也曾经摆在我们家的书柜上，一模一样的名字，一模一样的版本。

姑娘说起那时去找他的故事，说她本来想在喝下午茶的时候跟他说，说她本来想假装不经意地说出那些书里的典故、说出那些自己平时听的歌，可她发现原来自己还是不懂他。

我突然想起老钱的故事，对她说，我有个朋友和你一样，明明喜欢却打死不说。你们这些陷入爱情的人就是矫情，不管怎么样先表白再说啊。

姑娘说，有些人你能遇见，就是没法在一起。有些人你明明喜欢，却不知道该对他说什么。如果不能并肩同行，那假装路过也是好的。这就是我们这种笨拙的人的恋爱方式。

我记得高中毕业那年，老钱这辈子第一次也是最后一次为郭婷唱歌。老钱唱的是周杰伦的《晴天》："为你翘课的那一天，花落的那一天，教室的那一间，我怎么看不见，消失的下雨天，我好想再淋一遍。"
然后老钱唱："从前从前有个人爱你很久，但偏偏风渐渐把距离吹得好远。"

如果不能并肩同行，那就假装恰好路过，虽然你不知道这恰好的路过背后，是向着你的方向一路飞奔。

我知道我爱你，可我知道你等的人不是我。
所以即使今天坐在你身边，也不敢对你说"我爱你"。
所以千言万语，不如都化为沉默。

这就是我们这种笨拙的人，爱你的方式。

▶▶ BGM: 周杰伦《晴天》

twenty-two　　　　　　　/ 陪伴是最好的安慰 /

冬天那阵我跑完活动想着应该做点什么充实自己，老陶跟我一样也处于假期中。另一个基友老刘说自己要考证，最近天天都蹲图书馆。

我说："图书馆什么的太没意思了，在家也能看书啊。"

老陶说："我要拿电脑画画，把电脑搬去图书馆太麻烦了。"

基友说："那个，图书馆里的姑娘都还不错啊……"

老陶说："反正有车嘛，这么多路也不是很麻烦。"

我说："我在图书馆看书效率最高了！"

总是见了匆匆一面却又挥手告别。打听好好友去了哪个城市，约好找个时间去那个城市喝酒，只有这时才发现，最好的时刻是你们奔往同一个城市相聚的那一瞬间，哪怕赶路也让人欢喜。有些人就是这样，生活在不同时区也不会有时差，你们是彼此的安慰。

于是锵锵三人行，我们开始了天天蹲图书馆的日子。

最不能集中精神的反而是老刘，我和老陶笑话他。老刘痛定思痛，拍案而起，说："从现在开始，谁先离开座位谁就输一百块！"

我轻蔑一笑，我是那种看书不看完就浑身不舒爽的人，这还不简单。

老陶轻蔑二笑，他是那种一画起画来整个世界都能消失不见的人，这还不简单。

老刘默默地拿出一瓶1.5升的芬达放在我眼前，说："计时开始。"

我说："你放一瓶芬达，这居心太叵测了。"

老刘轻蔑一笑，说："那你就忍着别喝啊！"

我心想为了一百块，忍就忍！

一小时后我去了厕所，输给老刘一百块。

我不服，说明天我们继续赌，谁都不准带饮料。

第二天，老刘带来一包虾条。

一小时后我去洗了手，输给老刘一百块。

第三天，我赢回一百块，因为老刘在图书馆遇见自己前女友，噌的一下就没了影。

我和老陶在图书馆楼下找到老刘，安慰他："不就遇见前女友吗？抬起头挺起胸面对她。"

老刘没说话。

老陶继续安慰他："我们晚上一起去喝酒，这都是小事。"

老刘没说话。

我说："你先把一百块给我。"

老刘愤然站起："你大爷的！"

我说："你一百块都不给我！"

老刘年前失恋，姑娘和他是老乡。大学同校，见过家长。姑娘说想去上海，老刘说，没事，我去考证，我也去上海。姑娘说，不是这个问题；老刘问，那是什么问题。

姑娘没说话，两人就这么分了手。

分手后，老刘开始蹲图书馆，分手第一周，他把我和老陶拉来了图书馆。

然后他遇见了自己的前女友。

隔天老刘没有出现在图书馆里。

当天他给我们发信息，让我们陪他去上海。老刘在上海待了四天，白天都不让我们跟着，一个人去陆家嘴，晚上回酒店倒头就睡。

离开上海那天晚上，老刘说："其实我白天都在陆家嘴写字楼前坐着。"

老陶说："就算写字楼能看到姑娘也不至于这么痴汉吧。"

老刘说："一边去！我仔细想了想，我以后也想来这里，我想让她看得起我。"

我说："你这么自我催眠是没用的，姑娘根本不是因为这个原因跟你分手的。姑娘离开你的时候就已经不爱你了，就算你证明给她看又有什么用，对你不屑一顾的还是不屑一顾。你看看你来图书馆这么多天了，她又不是没看到你，她看过你一眼吗？"

老刘很笃定："我不管，我就是想争这么一口气。"

我和老陶对视一眼，说："好，咱就争这么一口气。"

老刘点头，接着塞给我五块钱，说："卢思浩，你帮我去楼下买瓶水吧。"

我正好自己也想买水，就接过钱准备下楼。

老刘看我起身，一脸微笑说："一百块！上楼给我。"

你大爷的，这游戏不在图书馆也能继续吗！

很快过年了，年初二那天我还在走亲访友，老刘打电话问我要不要去图书馆。

我说："你大爷的，要不要这么拼命？"

老刘说："今天图书馆的人很多哟，很多妹子哟。"

我说："废话少说，随后就到。"

那天起，我连续十天输给老刘。

我很少看到他这么认真，低头做题，目不斜视，毫不给我让他离开座位的机会。

快过元宵节时我飞回墨尔本，老刘还有半个多月考试。

我去图书馆跟他告别，对他说："要是考不过就得给我把钱都还回来。"

3月底，老刘考试结束，给我发了信息，说自己没考过。

老陶在群里说："别废话，晚上我陪你去喝酒。卢思浩，你埋单！"

我说："卧槽，我在墨尔本，你还要我埋单？支付宝转给你啊！"

老陶轻描淡写："当然了。"

那天他俩喝得大醉，醉到没有给我发信息。

第二天老刘给我发信息，说自己最难过的时候不是知道没考上的时候，考不上大不了再考。而是刚开始蹲图书馆的时候，他不知道自己做的有什么意义，也不知道自己能不能坚持。直到他看到自己的前女友，心里顿时炸了，心慌意乱，一片荒芜。老刘说，其实他就是想看看自己坚持一件事能坚持多久。如果是他一个人，可能他已经放弃了；如果是他一个人，可能他也不会去上海。

我一头黑线，回："你酒精上头了吗？这么矫情的话不像你的风格啊，兄弟。"

老刘说："老子这么真心实意，那钱你还想不想要了？"

我唱："你快回来，我一个人承受不来……"

老刘一字一句地说："我！先！撤！了！再！见！"

我和基友们的相处模式就是这样，忙起来彼此都忙，空闲时吐槽聊天不怕生疏。

这些年我和他们见面的时间越来越少，总是匆匆一面又挥手告别，各奔东西是成长必经的命题。但只要有基友在，哪怕陌生的城市也熟悉。于是我们约好去一个城市喝酒，赶路都让人欢喜。

我曾经被出版社赶出门过，基友们聚到我家给我煮了泡面，什么也不提，陪着我在家里拿着音响放歌，自娱自乐到凌晨。

我们曾经集体失恋，难过时我们去投奔还在南京的老刘；老刘二话没说，包吃包住，吃的喝的都管够，吃到他濒临破产。

我们都会遇到各式各样的烦恼，哪怕人在身旁也不知道从何安慰，直到后来才明白，种种安慰不如陪着，有人在听你说话；千言万语不如一醉方休，有人陪着一起醉。

有时你会遇到下雨天，我们没办法闯到你的世界里给你撑伞；有时你会遇到曲折路，我们没办法代替你走完这条漫漫长路。有时好友碰壁却不知怎么安慰，千言万语都显多余，那就陪着，陪伴本身就是这世上最了不起的安慰方式。

给所有我的小伙伴。

twenty-three

/ 我最喜欢你，因为你让
我活得最像自己 /

芋头刚遇上小新的时候，刚从一个火坑里爬出来，暂时没有谈恋爱的心思和准备。而且芋头这个人有个典型的毛病，就是喜欢的男生都是同一类型。我一点没看出来腼腆的小新在这方面跟她喜欢的男生类型有什么联系。

芋头在生人面前就是典型的死人脸，爱搭不理。他俩第一次吃饭，兴许是芋头气场太强，小新愣是没敢说上几句话。

也因为这，几个月后小新正式和芋头在一起的消息传来时，我还被小小震惊了一下。我还好，大头的反应是瞠目结舌、不可思议，我两人要保持长久的相处，需要的是互相倾听、互相吸引和精神平等。可以有分歧，但也会理解对方；你们可以有不同的追求，但也都真诚地为对方鼓掌；可以互相吐槽，但不会心存芥蒂。他有成就你发自内心地开心，他落魄你陪伴身边。而不是总要踮着脚怕低他一头，尖酸刻薄，自我中心，步步为营和小心翼翼。

们都难以想象小新是怎么样hold住芋头的。

要说芋头也不是从一开始就是现在这个性格，造成她如今性格的一大原因就是她的初恋。她和初恋从高中在一起，大三结束。几年里，芋头几乎一年一个造型，大一她学起穿高跟，大二她留起中分，到大三他们分手，芋头已经完全被打造成了她初恋喜欢的样子。

但她初恋还是毅然决然地跟她分了手，跟小三远走高飞相亲相爱，最好这两个人永远在一起，不要再来祸害他人。芋头从此开始保护起自己，越来越十项全能，浑身散发着生人勿近的气息。

这个干练的姑娘，和当年那个穿着运动鞋跑天下的芋头全然是两个模样，找不到丝毫共同点。

那之后芋头也断断续续谈了几场恋爱，但都无果而终。有时芋头也叹气，说不知道为什么，想着干脆继续摆出一副死人脸，避免结束那就直接避免开始得了。

看着她和小新在一起了，我耳边还能回荡起芋头说的这句话。

有一天聚会，我问芋头："你喜欢小新什么？"

芋头没有正面回答，说："下回我们几个一起吃饭，你见了就知道。"

我说："你们的爱意这么明显？"

芋头说："你这么聪明一定能体会到。"

我点点头，说："有道理……"心想，芋头果然会说话，不愧是女神。

一周前，我约上小新和芋头一起吃饭。

小新看起来丝毫没变，芋头也是，但我很快就发现了芋头喜欢他什么。

我和芋头认识太久了，久到她在我面前该是什么样就是什么样。作为一路看着她改变的人，不管她的外表变了多少，性格加了多少强势，我们聚会时还是该吐槽就吐槽。

如果你跟芋头足够熟，你会发现其实她最爱的不是那些抒情歌，而是《最炫民族风》。

如果你跟芋头足够熟，你会发现她是最标准的外冷内热。

初恋后芋头谈恋爱，大多端着，倒不是说她喜欢这样，而是她不知道怎么表现完全的自己。也怕自己真实的一面会把对方吓跑，她太明白后来喜欢她的人，大多喜欢的都是她表现出来的样子。

她不想再体会一次不知所措，她开始习惯对一切先远远地看着，这样才能看得清楚。所以她后来谈的那些恋爱，她都告诉自己再等一会儿，再等久一点就把自己全部的样子表现出来。可每当她准备投身进去时，对方说原来她不是他喜欢的样子。

一起吃饭其实就能看出很多端倪，生活的细节能反映出两人的相处。

我和她以及她前任也吃过一次饭，能看得出来芋头也是开心的，但终究还是缺了些什么。

那时我突然明白芋头缺的那种感觉是什么了，是随意。

随意开玩笑，随意吃喝，一点都不怕展现出自己的另一面。

高冷大多因为不熟，沉默大多取决于和谁相处，洒脱背后藏着不舍，能让你看到全部的，都基于信任和感情。

因为信任，所以敢于让你看到每一个样子。

因为感情，所以彼此吐槽也不怕你转身离开。

理智的人也有想任性的那些时刻，不是真的想任性，只是想偶尔放松一下；

一本正经的人内心也会有个小孩，都会不自觉地在爱的人面前展现出幼稚耍赖的模样。

我最喜欢你，因为你让我活得最像自己。

twenty-four　　/ no zuo no die why you try /

包子每次找我，一定都会跟我先找吃的，再开始聊天。我们每次找吃的，一定不是烤翅就是火锅。

这对我是一件好事，也是一件坏事。好在我非常爱吃，坏在我不像他那么能吃辣。

不能吃辣对我这个吃货来说是一种天生的惩罚，而包子就是在这个伤口上撒上一把盐的人。我爱吃火锅，但我每次都点我能吃的辣度，这样我才能吃饱。包子也爱吃火锅，但他每次都会点最辣的，于是我只能在一旁忍着想吃的冲动看着他吃得不亦乐乎。

飞蛾扑火时不见得不明白前面是火，其实后果如何都知道。人作死起来，都是无解的，非得死一次才行。很多事情你以为是为了他做的，其实你是为了自己。哪怕是死路，也要走。撞得鼻青脸肿才好，不然总觉得不甘心；看到是死路才愿意转弯，不然总觉得前头有希望。

因为包子特别特别爱吃，又没有我这样吃不胖的体质（没错，我就是在嘚瑟），他最胖的时候胖到了一百八十斤。

那天我和包子一起吃夜宵，我为了防止包子点最辣的，就一把抢过菜单一通乱画。等我叫来服务员要下单的时候，突然想起包子还没看过菜单。

我过意不去，问他："我给你点几个最辣的烤翅，你要吃几个。"

包子说："两个。"

我疑惑："就吃两个？"

包子说："对，而且我不要辣的，给我两个孜然味的就行。"

我大吃一惊，严肃起来："包子，发生了什么事你就说，千万别跟你的胃过不去。"

包子撇嘴，说："这事你知道，就是我的明信片都给退回来了。"

我问："就是你寄给你前任的那些明信片？"

包子面无表情地点点头。

我叹气："no zuo no die why you try, you try you sad you huo gai。"

包子说："I zuo I die wo huo gai, bu zuo bu die xin bu gan."

我说："活该你现在死去活来。"

包子说："没办法。"

包子和他前任是因为我认识的，他俩在我生日时看对眼，当天就聊得兴起，不久后就在一起了。

姑娘一米七二，大长腿；包子一米八七，从小就个儿高。这样的身高搭配走在人群中十分显眼，倒也般配。包子吃辣，姑娘更能吃，他俩在一起之后，我就再也没有和他们一起吃过饭。

不是不想和他们吃，实在是不能吃辣，人应该对自己好一点。

那时包子稍微瘦了些，但还是显胖。他俩在一起之前，包子从不在意自己的体重。他俩在一起之后，包子破天荒地开始减肥，作为他朋友中为数不多的瘦子，他每天拉着我去健身房陪他跑步。

我说："包子，我真的没有办法教你减肥啊！"
包子说："那你也得陪我跑，你这种吃不胖的人就该陪我这种一吃就胖的人一起运动，否则怎么解我心头之恨！"
我一想也对，虽然我不能吃辣，但是我死吃不胖啊！
果然老天还是公平的。

那时我们都打赌，我赌包子不能坚持超过三个月，老陈更狠，说包子坚持不了一星期。
后来我们都赌输了，包子坚持了整整十四个月。
我们认识包子都快十年了，他减肥的口号每年都可以高喊几千次，但他每次坚持了两天就会管不住自己的嘴。到后来不光是我们，就连他自己都对自己的体重选择性放弃了。

我一想包子突然减肥肯定是因为姑娘嫌弃他胖了，一问果不其然。
包子说："姑娘觉得我瘦点更好，而且你看我们俩现在走出去一点都不协调，我还是得瘦点。"
我心想，爱情的力量果然不可思议，居然能让包子减起肥来。
妈的，我也要谈恋爱！

这些年我见了很多人，每个人都有自己的生活习惯。然而形成惯性之后，这些习惯就跟顽固的石头一样，无法改变。换句话说，如果有人可以让你改变你的生活习惯，那么那个人在你心中一定很重要吧。

所以那时我确信，包子遇到传说中的真爱了。

十四个月以后，包子瘦成了正常水平。别说，小伙子瘦下来还挺帅。恋爱谈到第二年，包了大学毕业，毕业算是个分手高危期，包子毅然决然地选择了用自己的方式渡过高危期：求婚。

那时我在堪培拉，心向往之身不能至，只得录个视频给他加油。

包子藏不住自己的心思，姑娘很快就察觉了包子的心意，连夜打了个电话给我，说："我不知道我应不应该答应包子。"

我说："当然要答应啊！包子多爱你！"

姑娘说："我知道，但我真的需要一点时间考虑，你能不能劝劝包子，给我点时间想想。"

我说："这个我劝不了，要说你自己说，答应只能你自己答应，拒绝也只能你自己拒绝，我们旁人帮不了。"

后来跟姑娘聊了很久，算是明白了姑娘的心意。我有点心疼包子，就给包子打了个电话。

包子刚接起电话就说："浩子，你给我的视频我收到了，棒棒哒。我现在有个非常完美的计划，她肯定没法拒绝，你听着啊！"

他滔滔不绝地跟我说了半个多小时，我愣是没能插上嘴，也不知道应该怎么开口。

挂电话前，我试探性地问："包子，你确定姑娘的心意吗，要不要缓缓？"

包子说："放心吧，没问题的，过年时我们不是见了彼此的父母吗？我妈可喜欢她了，她爸妈我也见过呀，我觉得这事肯定能成，你就等我的好消息吧。"

包子说到这份儿上，我只能沉默，挂了电话给姑娘发微信：他真的很爱你，你们的事情我无法插手，但请你给他一个交代。

然后整整两个月，我没有听到他的消息。

我不知道包子这两个月去了哪里，只知道他在消失前给我们发了信息，让我们不用担心。

我们怎么可能不担心，但他犹如人间蒸发，辞了工作，手机办了停机。

我跑去问姑娘，姑娘说："我们分手了，他说需要时间冷静一下，也希望你们不要怪我。"

姑娘说，自己家里不同意自己这么早结婚，所以只能分手。

事到如今，我也不想知道姑娘说的是真是假，只担心包子的情绪。

好在两个月之后，包子在群里出现了。

我急问："你去哪里了？"

包子说："我一个人跑了很多地方，然后拍照给她匿名寄明信片了。"

我说："你跑了两个月？不要工作了？当年千辛万苦找的工作，如今说放弃就放弃吗？"

包子说："没事，我正好也想换工作。"

我缓了一下心情，说："你觉得你这么做有意义吗？你觉得她会收到吗？"

包子说："我不知道。"

时间回到今天，包子告诉我，他的明信片被退了回来。

我不知道这对包子来说是不是好事，如果一直没有被退回来，至少可以假装姑娘看到了。可是被退回来了，只能说明姑娘要么是没看到，要么就是不领情。

无论哪种，我都没办法安慰包子。

我停下吃火锅的手，问他："被退回来了，就别再多想了。"

包子说："不行，我还有几个地方没去玩，我得去。"

我说："你是不是傻？是不是？你辞职了还不够？你去了那么多地方还不够？你省下来的钱就该这么花吗？要是你们之前约好去国外，你是不是也去？"

包子说："去。"

包子说："我记得以前你写过一句话，只是不太记得了，大概是想要去的地方，要自己站在那里。放心吧，我是为了自己才去的，是为了自己的念想，和她无关。"

后来我想起我写的是：走了多少路，看了多少景，渡了多少河，才能走到你想要去的地方。别人不知道，世界无所谓，但这都没什么。想要看的风景，总得自己亲眼去看看，哪怕这风景没人在意；想要去的地方，总得自己站到那里，哪怕这地方静寂无声；想要遇到的人，总得努力站到她面前，哪怕最终擦肩而过。

或许我们都是偏执型人，不作不死。

有一次在南京签售遇到个姑娘，让我写了一段话给她的前男友，那段话是这么写的："愿你找到那个可以让你觉得温暖、可以陪你到世界尽头的人。"

因为我太喜欢这段话，以至于我到现在都还能记得姑娘的神情。

为了喜欢的人排队，就是给他一个礼物，希望他会喜欢，但不奢望他会回来。

很久以前我不明白为什么，后来有点懂了。

包子的故事在圣诞节迎来了结局。

他风尘仆仆，穿山渡河，一个人走过本该是两个人去的地方；他拍了照片，写了明信片，却没有再寄出去。

那些照片被他放在陪着他旅行的包里，遗忘在路上；就像他曾经的故事，走着走着就放下了。

作死的人分两种，一种是不知道自己在作死，作着作着就死了；另一种是知道自己做的事情没结果，但依旧在做。我们总以为大多数作死的人都是第一种，其实大多数人都是第二种。

我喜欢你，所以我想对你好，但你不必给我回应。

我喜欢你，所以我答应你的要做到，但你不必知道。

因为我们没法在一起，所以你可以假装听不到。

因为我们没法再在一起，所以所有的故事我都会留在心里。

永远不要觉得作死的人没救，他们大多给自己画了底线，只是还没到。

等到了那个底线，心也就死透了，我也就不欠你什么了，更重要的是，我不再欠自己什么了。

就可以把你放在心底了。

然后，就可以告别你了。

▶▶　BGM:　Taylor Swift　*Blank Space*

twenty-five

/ 毕竟真心陪伴过 /

大头上个月冲到我面前直喊："我今天去相亲了，你猜猜我遇见谁了？"

我从来就抓不住重点，我说："你去相亲了？相亲？'相信'的'相'、'亲密'的'亲'？"

大头说："……对，我想让你猜的是我遇见谁了！"

我说："我懂，但是你为什么去相亲了？"

大头没理我，一脸正色："我遇见胡丹了。"

这回我抓住了重点："胡丹？'胡说'的'胡'、'宋丹丹'的走过各式各样的路，遇过形形色色的人，错过想留在身边的她，丢过以为不会丢的东西。朋友走散在时间里，感情定格在回忆里，人生起起落落，每个人都匆匆忙忙。即使这样，居然还是有人愿为你停留那么久。我们都忘了世界那么大，能并肩是一件多么珍贵的事。

'丹'？"

大头说："对，如果可以，我希望你说是'王珞丹'的'丹'。"

我说："这不都一样吗？你的相亲对象不会是胡丹吧？"

我心说，生活果然比电视剧还狗血啊，相亲还能相到前女友。

大头说："这倒没有，不过她就坐在另一桌。"

郭大头是我的初中同学、高中室友，他没有什么特别的特点，就是头大。尤其是我们打球的时候，他的头非常影响我的视线。兴许也是因为这一点，大头打球技术一流，那时高中的姑娘要么喜欢帅的，要么喜欢打球打得好且帅的，刚好大头两点都占，也算是被学妹写过情书、被学姐堵过教室。但无论学姐还是学妹，他都通通拒绝。

因为他喜欢我们班年龄最小的一个姑娘——胡丹。

郭大头读书晚，大头则是我们班里最大的。胡丹从小聪明伶俐加上读书早，她比大头整整小了三岁。那年头，胡丹长得乖巧成绩又好，我们班没几个男生不爱她。因为我爱的是隔壁班的姑娘，对大头没威胁，所以那时大头整天找我商量追胡丹的策略。

那年头，我自己的事都搞不定哪能帮忙搞定别人的，不过我还是帮大头要到了胡丹的小灵通号码。某天我在课上给大头发了三条短信，大头一条都没回。我心想奇了怪了，下课时他就跑到我身边跟我说，他和胡丹发了一节课的短信。

我问："我发给你的短信呢？"
大头说："哦，我没看。"
我说："大头，请你不要忽视我，另外请你不要带偏我们班成绩最好的小姑娘。"
大头说："我不是要带偏她，而是要把她带到我身边。"

大头从自己收到的情书里汲取灵感，每天变着法子给胡丹写情书。

那两个月，他每天都提早半小时去学校，给胡丹买早餐。而且他从来不让自己被其他同学看到，只留个记号让胡丹知道那是他送的。

那时我还问："为啥你给胡丹送早餐还得避着所有人？"

大头狡黠一笑："不给人压力地对她好，才是真的对她好。"

从此，我对大头的情商佩服得五体投地。

那几年，胡丹是大头的闹钟，不需要提醒，不需要铃声。

那年大头十九，胡丹十六。

高二我们填志愿，大头对我说："我要改志愿，我要去厦门，我要去厦大。"

我说："你不是喜欢南京吗？说好的古都不去了？"

他说："因为胡丹想去厦门！"

在爱情的力量下，大头顺利考取了厦大。

出成绩那天，他疯跑到胡丹家楼下，对着胡丹家一顿喊："我考到厦大了！我考到厦大了！"在经受了路过的几个阿姨的怪异眼光之后，他终于等到了胡丹。

可胡丹见到大头哇的一声就哭了，对大头说："你考上了有什么用，我没考上！"

后来胡丹去了北京，大头去了厦门，因为异地，胡丹没有答应大头。

于是大头那几年飞北京跟坐地铁似的，不嫌贵不嫌累。

大头说："爱就是她在想你的时候，你在她身边或者在去她身边的路上。"

我再一次对大头佩服得五体投地。

那几年大头追胡丹的时候，他常走到胡丹的宿舍楼下，等胡丹一起看电影。

我记得有年夏天，北京的蚊子特别多，他在微信给我直播了他被蚊子叮出的十个蚊子块。

他问我："你说，如果我的蚊子块成了一个心形，丹丹是不是特感动？"

我说："胡丹感动不感动我不知道，但是我们都会觉得你是傻×。"

他说："只要她不觉得是傻×就好了呀。"

我想了想，认真地说："不，她的想法肯定和我们一样。"

也是这年，大头和胡丹正式确立了情侣关系。

这一年，大头二十三，胡丹二十。

他们一个在厦门，一个在北京。

我见证了他俩异地恋的全过程，他们约好每个月都必须见一次，不管忙不忙，不管远不远。胡丹去厦门，大头去北京。大头还好，家境富裕；胡丹就要辛苦一些，可她说不能总让大头花钱来北京，怎么着也要自己花钱去几次厦门。

大头心疼胡丹，说要转学去北京，胡丹死活没同意，说不能因为自己打乱大头的计划。
大头说："我去厦大就是为了你，跟你在一起才是我的计划。"
只是大头没有顺利地转成学，留在了厦大。

胡丹也心疼大头，就瞒着大头悄悄去工作，有时发传单，偶尔也去做主持。
那时我不懂为什么两个人明明都是为了对方好，却还能为了这些事情吵架。
只知道大头说胡丹不用那么辛苦，就算是工作也应该告诉他。
胡丹说不告诉他也是害怕他担心。

果不其然，第二天大头就飞去了北京。
后来我才明白，当你付出的太多对方又无法给你等同的回报时，对于接受的人也是一种折磨。
或许也怪这两个人都太善良，谁都见不得对方受委屈，谁都争着去付出，谁都见不得对方为自己辛苦，谁都不肯让步。

大头毕业那年，我和老陈都赶去参加他的毕业典礼，当然还有胡丹。
那天我们第一次承认大头比我和老陈加起来都帅，那天他特别开
心，拉着所有人拍照。当然拍得最多的都是他和胡丹的照片，他
说："我今天拍的照片一定都要用在我俩的结婚典礼上。"
胡丹在一旁笑靥如花，说："那我们可得多拍几张好看的。"
大头说："对，老卢和老陈，你俩就不要拍了。"
老陈微笑："那你要不到份子钱了。"

没想到老陈一语成谶，大头没有拿到我俩的份子钱，确切地说，他
没有拿到一分份子钱。
他俩分手了。

毕业那年大头二十五，胡丹二十二。

他俩是在毕业两年后分手的。毕业之后两个人都选择了上海，原本
以为他们终于熬过了异地，可以修成正果了，没想到偏偏在没有距
离的时候，他俩分了手。
大头说是他自己没本事，留不住胡丹，大头说是他自己见不得胡丹
受苦。

我知道，他俩的性格从一开始就没变，见不得对方受一丁点委屈，更受不了那委屈的源头是自己。

大头说："我带走她的时候，她比现在年轻，比现在好。她将来会变老，如果过得不能比过去好，我不如让她走。"

我说："你记不记得那时你追她时问我，如果被蚊子叮出一个心形，胡丹会不会感动，我回答你说我不知道她会不会感动，但我知道你是个傻×？"

大头点了点头。

我说："我现在觉得我错了。"

这一年大头二十七，胡丹二十四。

都说本命年会特别背，看来是真的。

也是在这一年，老陈结婚了。

原本奔着结婚去的大头和胡丹，最终还是分了手。

原本都快放弃要等大丁的老陈，反而最先结了婚。

命运来了个大转弯，谁都没法忍住不去设想如果，可谁都没法活在如果里。

老陈结婚那天，包子还是开口聊起了这个话题。

大头说："我等了她四年，在一起三年。你看，我不再是当年的愣头青，她也不再是当年的小姑娘。在一起的三年里，我真心爱她，她也真心爱我，挺好的。"

然后，他就在相亲的时候遇到了胡丹。

我小心翼翼地问："现在你是什么感觉？"

大头说："我最讨厌相亲了！而且那姑娘完全不是我的类型啊！"

我没忍住打断他："谁问你相亲对象的事了！抓重点！"

大头这才恍然大悟，说："胡丹啊，她已经快要结婚了。她现在的男人看起来也就那样，还没我好呢，哈哈哈哈哈哈……"

然后，他就笑不出来了。

半晌他才又开口，说自己以前看到一段话，那句话是这样的：只要你遇到一个人，在一段恋情里你把自己变得更好的话，那就说明你没有爱错人。

他以前觉得这句话无非是分手恋人之间的自我安慰，后来才发现这句话是真的。

他说："见到她的时候，以前的一幕幕像电影一样在面前跑过。我以为自己都忘了，可记忆这东西有时像机器一样精密，在脑海里的就是在脑海里。我也以为我们会永远在一起，就跟以前我和你们说的一样，我不再是当年的愣头青，她也不再是当年的小姑娘。虽然分开了，但我很庆幸，在我们彼此成长最快的时候，是我们在对方身边。"

我们总是动不动就说永远，仿佛什么东西就能被延伸到看不见的尽头。可成长过程中那些你信誓旦旦不会丢的东西正逐渐离你远去，甚至到最后你自己都不再在意，直到时间模糊掉你的记忆；才能明白事情没有永远，没什么理所当然，世界多么庞大，道路多么曲折，我们不分对错。

我们遇见多少人，付出多少真心，错过多少感情，才能慢慢长大。
能在彼此的爱里长大，都是幸福。

我突然想到那年大头为了胡丹每天早起的日子。
又想到那天大头说的话，说既然如此，毕竟真心陪伴过，分开也不苛责，过后反而感激；没有太多怀念，只偶尔想起，也觉得没有爱错人。

不舍得的最后终究会舍得，放不下的回忆终究会放下。
经历过的终究是一种经历，你不能回到过去改变它，你也不需要否定原来的你自己。

在你往前走的时候，曾经经历的不是被丢下了，而是被沉淀了。偶尔回头看一眼的时候，觉得自己没有爱错人，也就没有白白爱过。

然后，你总得收拾一下你的心情。

然后，你就得重新起程了，为了接下来能遇到的人，更为了你自己。

▶▶　BGM:　陈奕迅《好久不见》

twenty-six   / 如果可以，别留遗憾 /

1

小新和我说起他高考完看世界杯时，他和小伙伴们赌西班牙会夺冠，赌对了就去表白。没想到他还真的赌赢了，但当他想去表白的时候，他的女神已经和别人在一起了。

我打岔，说："上届世界杯夺冠的不是意大利吗？"

小新愣了三秒，说："那是2006年，你是穿越了吗？"

我脱口而出："对啊，上届世界杯不是2006年吗？"

小新无语了五秒，盯着我看，一副"傻×，你快醒醒"的神情。

想放弃的时候，总能听到一些歌，总能看到一部电影，这是一种非同一般的幸运。后来我觉得，如果你内心的火熄灭了的话，外界的东西怎么也不能让你燃起来。你是一个什么样的人，就会遇到什么样的人、遇到什么样的事、被什么样的东西感动。我不去想能不能遇到对的人、遇到对的事，我只想把自己变成对的人。

在一段煎熬的沉默中，我恍然大悟：2006年之后我们迎来了2010年南非世界杯，2010年南非世界杯后我们迎来了2014年巴西世界杯。

如今，我们的2015年也过了一半了。

我们总说时间还早，却又岁月如梭。

老陈前两天突发奇想给我们追忆了一下高中时光，开口就是一句："奇变偶不变，符号看象限。"

我说，看哥给你背个高端的："侵害里皮鹏，探蛋养副奶，那美女桂林留绿牙。"

老陈说，你有本事继续背啊！

我停顿了两秒，说，有本事你接下去背啊！

然后又是一阵沉默，接着两人哈哈一阵狂笑。

老陈说他在高考前简直是人生巅峰，口诀张口就来，唐诗背得滚瓜烂熟，数学只要看图就大概知道该怎么做了，现在真的是什么都忘了。

我仔细一想还真是，唐诗宋词不在话下，《出师表》那么长都能背得一字不差。

那时候，我们都把自己丢给了讲义、丢给了考题，换来了越来越深的近视。

我们都在尽全力让自己准备好，去迎接我们人生中的第一次大考、第一个关卡。

学生时代是最好的，你可以谈恋爱，可以做想做的事，可以和朋友把酒言欢；学生时代也是最糟的，你会被人比较，接受孤独，为了未来迷茫。我走过这么多学校，依旧羡慕大学时代。因为你们年轻，因为你们是曾经的我，因为你们还有着很多可能。

我一直觉得告别这事是从某年的夏天开始的，它一声不吭地闯进你的生活，开始不断延续。等到某天你反应过来，你已经不知不觉地告别了很多人。然后你只能开始接受告别，开始跌跌撞撞，曾经不经意的回忆也慢慢变得有温度。

有些人一如往常在同一个地方开学，有些人则收起行囊去了新的学校，而更多人跟我一样，再也没了开学。

2

很快，你会经历孤独。

你会发现孤独是你摆脱不了的东西，它会在某个时刻突然找上你。不管你身边的朋友是多还是少，不管你是人群围绕还是一个人独处，你都能感受到孤独。

你会觉得热闹都是别人的，只有孤独是自己的。

许久前我也这样，无法接受孤独，无法忍受好友们分散各地。但在和孤独的相处中我开始明白，我们中的大多数人都会经历这种阶段。很多时候我们会觉得和人相见恨晚，交朋友对自己而言再简单不过，但还是免不了发现一些性格上的不合，或者就是逐渐失去联系。

其实结交朋友不难，难的是变成知己。

孤独不是一件坏事，我们之所以觉得孤独难熬，是因为我们都没办法一下子找到和自己相处的办法。其实能有段时间和自己独处终究是幸运的，这并不意味着你没有朋友，相反正是因为这样，你才会有真正属于你的朋友。

因为你有时间想想自己要什么，你身边没那么多熙熙攘攘的声音，你可以听到自己，你可以问问你自己到底要什么、到底不要什么。了解自己这回事，大多留在了独处的时间里。

怎么度过孤独？

首先不要害怕它，然后找到一件你可以全身心投入的事情。我会听歌或者写作，那你一定也会有这样一件让你全身心投入的事情，去做这件事。

坦然接受孤独，才能坦然接受离别。一个人生活的最大好处，就是越来越平静，对各种事情越发游刃有余，觉得再难的事也能度过。这种自信和力量，是一天天从生活里挤出来的，你会痛苦但也不用再害怕你站的地方突然崩塌，因为你走得很坚实。

在经历孤独的同时，你的生活圈子也会开始改变。

你可能会和一些人变成知己，和另外一些人分道扬镳，很可能最后留下的并不是你之前觉得会留下的人。

这时候，友情大多经过了时间洗礼，尤其是你们不像从前能生活在一起。你们都有着自己的生活，有着自己的事情要做，如果这个时候你们还能保持联系，什么话都聊没什么顾忌，那这样的朋友就是我们所说的被时间筛选后留下的好友。

有些人一天不联系两天不联系也就慢慢失去联系了，有些人一天不联系两天不联系但每次只要聊天就会觉得时间没走。去哪里遇见谁和谁变成知己，这种事情需要缘分，遇见之后，相处之后却失去联系，这时候的缘分大概就是看有心没有心了。

珍惜那些同样珍惜你的人，就像你珍惜自己一样。

3

大一时可能对于生活还没有什么概念，就多去尝试一些。可能绕弯路，可能被别人看来是浪费时间，但是不是真的浪费时间，这只有你自己心里清楚。

大一时我开始看书尝试写日记，很多人看来我就是浪费时间。如果不是那一年我一直在看书，我想我也不会变成现在的自己。

到了大三，你可能一下子就会焦虑起来，因为身边的很多牛人都开始找到自己的方向和出口，只有你还在迷茫中挣扎。

迷茫不可怕，说明你还在向前走。

失败不可怕，只要你还能爬起来。

又是一年6月，又是一年高考季，那个夏天离我们太远，但却是属于你们的。

我告别了很多人、很多事，到现在才醒悟，很多告别就是从那个夏天开始的。

大致这世上所有的分道扬镳都伴随着不起眼的伏笔，等到你领悟时，已经来不及告别了。

而你还拥有这个夏天，就用力去浪费、用力去度过，哪怕告别也要用力，喧喧闹闹、轰轰烈烈。

喜欢的姑娘呀，能告诉她就告诉她，这世上真的有分道扬镳这种事，以后就可能没机会了。

最最重要的，少年啊，请把现在的你保留下来，记得你有多认真，记得你有多努力，记得你有多热血，永远不要辜负现在的你自己。

人生这东西还长着呢，暂时领先和暂时落后都没什么，重要的是你要保持进取心，依旧相信自己心底那些疯狂的念头，并且愿意为之努力。

很快，你就会发现大学不是用来玩的；很快，你就会经历以前想不到的事情。

很快，你就要学会和很多东西告别啦；很快，你会发现人生的坎一个接一个。

很快，你就会发现高考不是一个所谓的终点，而是新一段人生的起点。而这段人生不再会有人帮你遮风挡雨，你得靠自己打起伞，去面对以前不曾面对的事情。

我说这些不是为了告诉你未来有多操蛋，而是想告诉你，无论如何都请记住现在的你自己。
在这以后，你还有很多关卡要过，很多道理要去自己领悟。

而我们这些早就远离高考的人，也在逐渐远离我们的学生时代。
虽然偶尔怀念大学，但更重要的是做好现在的事。
在人生的什么阶段，在什么样的地方、什么样的时间，就去做什么样的事。

我们会长大，会遭遇不公，会遭受挫折，我们躲不过；我们会学着承担，学会接受遭遇孤独，我们逃不了。这时不要急着寻求依托，不要怀念过去，沉淀下来。

我们都会渐渐发现努力不一定有结果，但有时你还是得向前走。都说要找方向，可你不去碰壁怎么知道在哪个路口该转弯。大多努力和坚持会被浪费，或许绕了一个圈发现只要当初向前一步就能做好一件事，但你不绕这么一大圈也许不会明白这些。

没什么可抱怨的，就像很多你突然明白的道理，都有伏笔。
只要你不放弃前行。

▸▸　BGM:　Kelly Clarkson　*Stronger*

　　　　　　/ 想唱给的人都是你 /

小手最近一次给我发微信，是因为老高要结婚了，她在犹豫去还是不去。

我说："去，而且要风风光光地去。"

过了很久，她回："好。"

我喜欢墨尔本这座城市，因为这座城市足够浪漫。最繁华的街道，行人区比车道还宽。街边的树、便利店前的海报、时不时经过的电车，都让我觉得安心。市中心是个火车站，火车站对面是墨尔本最大的图书馆，图书馆前有一整片草坪，走累了就在草坪上躺下，心对不起说得太多，没关系就是没了关系；告别时没有在意，再联系就是再没联系。时间打败时间，爱情打败爱情，输给的不是别人，都是自己。

烦了就拿本书坐在草坪上。鸽子从不怕人，成群结队地在草坪上肆意走着，顺便向人类讨着食物。

距离图书馆不远的地方，就是唐人街。
那就是小手和老高相遇的地方。

其实在认识小手之前，我就在路边见过她好几次。她总是在夜晚十点，拿着吉他在唐人街街头准时出现，旁若无人地开始唱歌。墨尔本的街边艺人数不胜数，但那是我这么多年听到的最好听的歌声。

有一天聚会，我、老林、老高，还有一些朋友唱歌。老高酒量奇小，喝了三杯就说要出去放风，我就陪他一路走到了楼下。

这时候我们听到了小手的歌声，对于听了半小时老林唱歌的我们来说，小手的歌声犹如天籁。

那天小手身边聚着很多人，大家都坐在台阶上，听着小手唱歌。

我在犹豫着要不要给小手面前的帽子里放点钱，老高已经一个箭步冲上前了，掏出一百刀放在小手摆在地上的帽子里，转头就走。

我们刚走开，就听到后面有人叫我们，回头看到小手背着古他一路小跑，对老高说："你给得太多了。"

老高说："你唱得很好听。"

小手说："不行，真的太多了。"

老高说："那我能点两首歌听吗？"

老高那天点了两首都是陈奕迅的，一首《爱情转移》，一首《不要说话》。

小手不愧是小手，两首歌都是手到擒来。我依旧记得那天，小手看着老高，给老高唱："愿意用一支黑色的铅笔，画一出沉默舞台剧，灯光再亮也抱住你；愿意在角落唱沙哑的歌，再大声也都是给你，请用心听，不要说话。"

愿意在人群里唱首歌给你，人群再多也都是给你。

老高听完这首歌，拔腿就跑。我和小手都呆在原地，根本不知道他在想什么。

我追不上他，打他电话也没反应，就冲着小手摆摆手，说："他喝多了，别管他。"

然后顺便跟小手攀谈起来，知道了她的名字叫小手，还在上大学，因为很喜欢唱歌，就每天都来这里唱歌，也能减轻一下家庭的负担。

过了一会儿，老高气喘吁吁地跑了回来，背着一把吉他。

我当时整个人就惊呆了，心想，我了个大擦，这不是我的吉他吗？

他哪儿来的我家钥匙？

我还没来得及说话，他就冲到了小手面前，对她说："刚才那首歌你有两个地方弹错了，应该是这样……"

然后两个人一起唱完了这首《不要说话》。

我猜到了老高会听完这首歌的开头，却没猜中他俩一起唱歌的结尾。更重要的是，那是我的吉他啊！为什么每次这种浪漫剧情的男主角都不是我，就因为我唱歌难听吗？

想了想实在不能忍，就一个人跑上楼抢了麦克风继续唱。

结果我被老林赶了出来。

等我下楼时，小手已经不唱了，人群也散了，只剩下老高和小手两人坐在地上攀谈。

我心想，这不是绝好的机会吗？一个箭步冲过去抢了吉他准备开始唱。

结果我被他俩赶回了楼上……

后来顺理成章地，他们俩在一起了。

后来在唐人街街头唱歌的人，变成了他们两个。

后来我的那把吉他就被老高征用了，再也没有回来过。

但这不重要，重要的是，你看，要去搭讪就得对自己狠一点，心要狠，面值要大，舍不得一百认识不了姑娘！

有时我也会去那儿听他俩唱歌，很多时候都是老高在背后弹吉他，小手在前面唱。

我见过小手那种眼神，像猫看到了鱼，像看到了手机连上了满格的Wi-Fi，像归家的乘客等到了那班车，像不会游泳的人在海里看到一艘船。

有一天，小手来找我，说听老高说我写过几篇文，想让我帮她填几首词。

我问："你想要炫酷风格的，还是矫情风格的？"

小手说："两种都要。"

我说："你看，前一种就是这样的：后面的朋友跟我一起来，我们已经困了太久；左边的朋友跟我一起来，我们已经忍了太久；前面的朋友跟我一起来，何必又饿又累像条狗；右边的朋友跟我一起来，何必忍受屈服还住口。"

小手说："……那矫情风格的呢？"

我说："我以前写过一段，是这样的：我们路过多少风景，看过多少路标，多少故事藏在心底，多少言语无人倾听。咖啡换了第几杯，身旁经过多少人，心里藏着的那些歌，想唱给的人都是你。"

小手一拍桌子，说："好！就这个了！卢思浩，你果然适合当矫情狗！"

后来老高家里出了变故，没能毕业就回了国。

我也问过他老家到底出了什么事，老高打死也不说。

我也问过那小手应该怎么办，老高沉默半晌，说："我不知道。"

那时我还没有小手的联系方式，老高回了国，我也就不知道该怎么找到她。

我也曾在晚上逛完超市，故意绕个路去那条街，但怎么也没和小手遇上。

大概三个月以后，我在街头和小手偶然相遇。

她依旧拿着吉他在街边唱，这回她身旁有了一台很专业的音响，音响旁边的盒子里摆着她自己的专辑，十刀一盘。

小手看到我对我点点头，等她唱完了那首歌，我问："这几个月你跑到哪儿去了？"

小手说："我回国了。"

我说："你去找老高了吗？"

小手点点头，说："我去广州看了看他，然后拜托几个朋友帮我录了这张我自己的专辑。"

我掏钱，说："那我可得买一张。"

小手笑，说："你还掏钱啊？这张专辑我送你了！哦，对了，老高还不知道我录了专辑，你先别告诉他。"

那天我加了小手的微信，说等回家有空就听，听完就给她听后感。

回家路上，我给老高发了微信说："我今天遇到小手了。"

老高回："她最近怎么样？"

我说："她过得好不好你还问我，你不知道？"

老高隔了很久才回："我不知道。"

老高说他回国之后不久，小手就说不想上学了，想放弃学业去广州找他，老高怎么也不同意。

两人因为这些问题常吵架，吵着吵着分了手。

他说："我知道，我曾经答应小手，要一起录一张专辑，要一起唱歌，再一起毕业，去一些以前没去过的地方，要一直做小手身后的吉他手。我是真的想跟她一起完成这些啊，可我现在连学都上不了，连墨尔本都回不去啊。你告诉我，我能怎么办？"

我就这么听着，不知道该说什么。

遇见时有多不经意，离开时也就一样。

我也会时不时地和小手聊天，却不知道怎么提他俩分手的事。

那时候小手还总说："如果自己再厉害点就好了，可以自己卖很多专辑，这样就还能实现两个人的梦想。"

看她的朋友圈，她开始去很多地方，墨尔本、悉尼、阿德莱德、凯恩斯，然后再回墨尔本。

直到某天她决定彻底回国。

那时候总是在深夜看到小手发的朋友圈，看到她又熬了一夜写了一首歌。

也常看到小手传自己录好的歌，还是一样好听，可总觉得缺了一点什么。

再后来我也去了北京，在三里屯和小手见了一面。

小手说："都出两本书了，还不知道给我写首歌？"

我说："你最近还唱歌吗？"

小手说："逗你的，早就不唱了，回了国之后就不再唱了。现在我的同事都不知道我原来还有段流浪歌手的经历，哈哈哈。"

小手说："那时候我想啊，我要边走边唱，然后把出的专辑卖掉，一定可以赚很多钱。那时候我是多么想以唱歌为生，可后来发现没有人给我弹古他了，我自己弹又总是会弹错。那两年，我去了很多地方，总能有感慨，总想着把那些情绪写到歌里。那时候以为自己可以这么过一辈子，没想到几年后我就过上另外一种人生了。"

我敬酒，说："干了这杯酒，我们就闭口不谈过去，好好生活。"

小手说："来，干了。"

接着我和小手聊了很多，看着她现在的样子，我已经不能确定以前的小手是否真的存在过。

后来我回了墨尔本。

接着我就收到了小手的那条微信。

在同一天，我也收到了老高的信息，是的，他要结婚了。

前天老高结婚，我和老林在群里一起祝他新婚快乐，说哪天回墨尔本再一起喝酒。

老高说自己不会再回墨尔本了，下次在广州聚。

发完祝福，我又回到自己的生活中，忙完已经晚上十点，就跑去华人超市买了几袋饺子。

经过路口的时候，我听到有人叫我，我转过头去，根本不敢相信自己的眼睛。

小手就站在她以前经常唱歌的地方，背着那把吉他，穿着那天我们相遇时穿的衣服。

我之所以能记得那件裙子是小手那天穿的，是因为小手说："我穿着那天穿的衣服，我背着那天弹的吉他，我站在那天站的地方，我唱着那天唱的歌，你看我连手机时间都调好了，就差他了，可是他怎么还不来。"

我看着她，莫名地想哭，眼前出现的是北京遇到的她。

多可怕，明明已经走了那么远了，只是一个消息就能把你打回原形。

多可怕，明明不在身旁那么久了，只是一句言语就能让你一败涂地。

其实很多事无关你好不好，只是有些人从一开始就赢了，遇到相似的背影你都能发会儿呆。就像有些歌的前奏一出来，你就开始单曲循环一样。

就像他俩一起唱的那首《不要说话》一样。

沉默了一会儿，小手拿起吉他开始唱，唱到一半已经泣不成声。
歌词是我写给她的那段："我们路过多少风景，看过多少路标，多少故事藏在心底，多少言语无人倾听。咖啡换了第几杯，身旁经过多少人，心里藏的那些歌，想唱给的人都是你。"

我们路过多少风景，看过多少路标，多少故事藏在心底，多少言语无人倾听。
咖啡换了第几杯，身旁经过多少人，心里藏的那些歌，想唱给的人都是你。

站在她对面，我想，那时候她送我专辑，我怎么着也应该花钱买。

IN RECOGNITION
SERVICE RENDERED BY
FERGUSON
MELBOURNE TOTAL ABSTINENCE SOCIETY
1868 – 1904
SOCIETY AND PUBLIC CONTRIBUTIONS

twenty-eight

/ 横跨青春的歌最动听 /

我有轻微的强迫症，只要听到那些喜欢的歌，就会单曲循环循环到死，一直听到睡不着，一直听到耳朵痛才肯罢休。

上初中的时候，流行卡带和复读机。复读机是我第一个专属听歌工具，那时候买了周杰伦的《八度空间》，每天睡前开始听，一直听到卡带损坏。那时用铅笔把卡带卷了又卷，还是没能挽回这盘卡带，那时像是弄丢了一个特别重要的朋友。

再后来有了索尼的MP3，摸索了很久在MP3里存满了喜欢的歌，上有那么一些时刻，听一些歌看一些书，什么都想什么都不想；有那么一些时刻，天气正好阳光暖和，你的心也突然温柔起来。没人知道我在开心什么，连我自己都不知道，但我知道这些时刻是属于我自己的，真真切切。说我浪费时间也好，我庆幸我还拥有这样的瞬间。这是你自己的一种节奏，和世界都没关系。

学的时候藏着等到下课偷偷拿出来听。因为怕被老师发现，我总是只戴右耳机，从袖子里穿过去，右手盖着耳朵，捂得严严实实。

大概从那时候起，我就开始依赖音乐。

现在用上了智能手机，有了下载音乐的APP，不用再费尽心思在网上搜MP3再下载。于是我走路的时候、写字的时候、空闲的时候，都塞着耳机。

我可以找一个空闲的下午，戴着耳机听一下午歌，和好友聊天；我也可以一个人在候机厅等待，早早进去跟朋友告别，听着歌觉得等待也没有难熬。

我就是那种上一秒心情很差，听到一首歌就能把自己立马投入歌中的神经病。那些很多我自以为才有的情绪，甚至是那些我不知道如何描述的情绪，都被写在了歌里。对于还没有太成熟的我来说，音乐大概就是我最好的朋友了。

你看，你不是孤独的，至少有人也经历过你经历的，然后把它呈现在你面前。

高中的时候，喜欢一个女生不知道应该怎么表白，就一遍遍地抄歌词，一遍遍地练习她喜欢的歌；大学的时候，一个人跑到了墨尔本，不知道怎么适应孤单，就一遍遍地听着那些让我有感觉的歌，告诉自己其实不孤单，你看那些心情早就有人经历过了；追梦的时候，跌跌撞撞不知道怎么办，怕自己等不到好结果，就一遍遍地听着那些让我有动力的歌，一遍遍地回想最开始的自己，告诉自己不要怕，当初选择这条路的时候，你就该做好所有准备。

我的歌单很杂，喜欢的歌手有很多，但一直留存在歌单里的歌，翻来覆去也就那么多。我会尝试着去听很多新歌，但能留在歌单里反复听的寥寥无几。

那时候不明白，为什么有些歌翻来覆去听怎么也听不腻。
后来才明白，或许只有横跨青春的歌最动听。

横跨青春的歌最动听，附着着回忆的东西最动人，一起看的电影最铭心，陪伴许久的人最珍贵。这个道理，我们总要失去了很多之后才明白。

我曾经很爱看演唱会，只要一有时间就会去看。很多人都问我，明明台上的人离你那么远，明明在家一样可以听，为什么偏要去看演唱会？我说，是因为我想看的不是台上的人，而是曾经的我自己。

那是在课后偷偷听歌的我自己，那是在一个下雨天后哼起《晴天》的我自己，那是周六步行半小时为了淘一张旧CD的我自己，那是爱一个人不知道怎么给自己留余地的我自己，那是在机场等着一架飞机要离家的我自己，那是青春里最好的我自己。

我太了解我自己，如果我不听，我就会把这些忘记。

我们每时每刻都在长大，每时每刻都在往前走，尽管有时我们察觉不到自己成长的速度。于是我们一路成长一路丢弃，丢弃那个爱人不知道怎么说出口的自己，丢弃那个在操场上看夕阳的自己，丢弃那个醉倒在路边的自己，丢弃那个彷徨失措的自己。

有时我是那么怀念那时的自己，所以我需要听那些歌。

每首歌都是一个故事、一个人、一段时光。

一个人如果常回头看，走不了太远；可如果一个人从不回头看，就会走偏。我曾经一直想，那些歌到底有什么意义，那些过去到底有什么意义。说起来我们都成长了，那些过去终究是过去，很长的一段时间里，我一直忙碌、一直逃避，不肯回头看。

后来我明白了，我们之所以不敢回头看，是因为我们不知道怎么面对那个自己；我们之所以不知道该去往哪里，是因为我们不够了解自己。只有回头看，只有能够正确地看待那些回忆，我们才知道自己是什么样的人。

所以我常在午夜时分，听着歌独自醒着，早已麻痹的神经变得异常活跃。

我不知道你喜欢什么样的歌，但我想一定会有人愿意和你左右耳机共同分享一首歌，也会有人愿意在你睡前分享一首歌给你。

或许你也和我一样，因为一个人喜欢一个歌手，进而喜欢他们的歌。然后那个带你走进他们的人已经走远了，可那些歌留了下来，变成了你的一部分。没关系，毕竟那些歌给你的力量，都是属于你自己的。

我有很多东西在一路上弄丢了，比如肆意哭笑的能力，比如那些简单又能让你充实一天的东西，再比如曾经和你并肩同行的人。一路飞奔以为跑在了时间的前面，才发现谁也没能跑过时间。即便如此还是有些东西留了下来：三五好友和那些陪伴很久的歌。我不那么念旧，却毫无缘由地相信这些可以打败时间。

就像那些永远不会腻的歌，就像那些留下来的人，就像那个还在努力的自己。这些东西，少一个我都不自在，我绝不轻易放手。

▶▶ BGM: 周杰伦《七里香》

twenty-nine

／没空闲浪费时间／

1

大概因为我常坐飞机，每次飞机失事都能挑动我的神经。有一年我从堪培拉起飞，飞到中途飞机掉了个头，又回到了堪培拉机场。后来下机才知道飞机的起落架出了问题，还好及时发现。其实我没有什么实感，只记得隔座的local打电话给儿子，说："I'm so lucky."

我记得我第一次跟厄运擦肩而过，是小学四年级。课间我和小伙伴玩耍，台阶下是花坛。我一个失足就往花坛上倒去，花坛边是大理也曾挥霍以为熬夜通宵就是热血，也曾浪费以为掏心掏肺不求回应就是爱情，也曾难过以为芝麻小事就能让天塌下来。如今我依旧热血但多少学会了照顾身体，如今我依旧相信爱情但多少明白委屈自己换不来对的人，如今依旧会为一些事难过但很快就能缓回来。对自己好一点，多开心一天就是恩典。

石，为了配合花坛的形状，大理石尖得似刀。我就这么猝不及防以迅雷不及掩耳盗铃响叮当之势倒向了大理石最尖的那块，接着我就失去了意识。

醒来后我在医院，满身是血，我的鼻子几乎被切成了两半。医生说如果我受伤的部位再往上一点，我这辈子可能就看不见了。我心想，他妈的还好老子福大命大，要是眼睛看不见了，我还怎么看妹子！至于鼻子，就当做个整鼻手术吧。

从此我的鼻子变成了塌鼻子，摘了眼镜还能看到一条不那么明显的疤痕。

第二次是在墨尔本，那是我第一次到墨尔本，我还处于左右不分的状态。我还没搞明白为什么澳大利亚是左侧行驶，一辆公交车就从身边擦过。我的手没来得及躲，瞬间破了层皮，整个人被这一下撞击带了三百六十度一个大旋转，然后炫酷倒地。

我的小伙伴目瞪口呆，反应过来扶我时说："我擦，你再往前走五厘米，你就要被撞飞了！"

第三次是小伙伴出去自驾游，去了一座我至今都叫不出名的山。那时我们开车技术都很渣，偏偏遇到一条山路。虽然比不上《头文字D》里的秋名山跑道，但我们谁也没有周杰伦那样的技术。车胎一打滑我们就开始怕，一路上小心翼翼过了无数个S形弯，终于我们看着指示牌还有十公里就能驶出这段道，在一个转弯时车胎又打了滑，而且是前后轮胎一起打滑。

那时我应该炫酷地解开安全带，用零点一秒的时间打开车门，然后噌的一下炫酷地跳下车。但那只是我之后脑补的画面，我当时大脑一片空白，只听见轰的一声，车撞在山上了。大概十分钟后我才回过神来，走下车扫了一眼路的另一边：是一片悬崖！我不敢想象，如果车打滑把我们甩向了另一个方向会怎么样。

或许真的连我自己都不知道自己有多幸运，没遇到那么穷凶极恶的人，偶尔遇到人渣也能劫后余生。生命中有些让我心有余悸的事，好在都能化险为夷。每次看新闻都觉得世界不会好了，但身边的人又让我觉得安全。

每次经历一些这样的事，我都觉得应该努力些才对得起这样的幸运。

2

也因为坐飞机坐多了，多多少少听了一些旅人的故事。最大众的就是跟我一样的留学生，好不容易盼来了暑假，要回去看看家人，要回去看看自己的女朋友。他们欣喜，他们开心，他们兴奋，要回家的旅人都是这样。

也会常见到一些老人，有一回是一对夫妻旅行，老爷爷说这是他俩最后一次旅行了，以后就走不动了。老爷爷说的时候看着老奶奶，一脸宠溺，我听着一阵心疼。

或许是我们步入了信息社会，任何一点信息都逃不出我们的眼睛；或许是真的最近几年的天灾越发频繁，总是看着照片对着新闻产生一种无力感。想着应该去帮助他们，却又什么都做不了。明明发生在很远的地方，却还是一阵揪心。

今天又看到一班航班失事，我不知道这架航班上有多少故事，或许因为距离太远，我们都没有实感。时间会把我们的震惊抹平，是因为故事发生得离我们太远。就像很多人已经忘了那架不知所终的航班，可有人永远记得，就像心里的刺。

3

在北京的时候见过包子的室友几面，一起吃过饭、喝过酒。那阵子包子想要成立一个工作室，我和他室友一起陪他熬了个通宵，列了无数计划给包子。第二天包子要拍外景，没人帮忙，他第一时间请了假，给包子干起了苦力。

在北京待了一周我就走了，他俩一起送我。包子说室友是他在北京最好的朋友，因为这我毫无缘由地相信，我和他室友一定也能成为很好的朋友。

之后再去北京，却怎么也没有再看见他的室友。

我问起这事，包子正在吃饭的手停了停，叹口气，对我说："他回青岛了，癌症。"

我心一凉，不知道应该摆出什么表情。

包子接着说："淋巴癌，还好是早期。"

我在微信里点开了对话框，可不知道应该对他说什么。

包子说起他，也不知道诱因到底是什么，癌症击中了他，可能是累的。他有阵子接了个单，没日没夜为了单子忙活，每天就睡两小时。

上个月他痊愈了，我和包子飞去青岛见他。

他整个人瘦了不少，但还算精神，他跟我说起自己化疗时的情形，听得我直皱眉。

他说："以前我常告诉自己要拼命要拼命，没想到差点把命拼进去。"

4

有时候我害怕刷微博，因为我总是能第一时间在微博上听到那些坏消息。

前天，我在微博上看到又有一个生命因为癌症消失，和大刘说起这事。

大刘说："以前我在大学有个特别好特别好的朋友，就是那种每天半夜可以一起出去吃夜宵去7-11买包烟的朋友。2014年他突然就走了，白血病。这种事情没办法，真的要找到你也就是一瞬间的事，你他妈的根本躲也躲不掉。"

我不知道怎么回应他，无能为力。

我讨厌这种无力感，可这种无力感已经深入骨髓，没法摆脱。

朋友中有个姑娘，有一天晚上给我打电话，泣不成声。那时我正在末班的公交车上，听着她边哭边说自己身体不太好，得了慢性病，虽然没有生命危险，可每天都是钻心地痛。我没有在我家那站下车，一路坐到了终点站，找了个路灯就地坐下，听着她讲自己最近的经历。

挂了电话，我在路边坐了很久，她给我发微信说自己想回到以前手上没有针眼的日子，然后我翻着我们的聊天记录。

翻到过年时她给我的祝福短信："卢思浩，你要好好照顾身体，不要再熬夜，要多喝水，有时间就多吃点水果，还有我给你买了柠檬片，你记得泡水喝。"

我的眼泪止不住往下掉。

我们常常知道怎么照顾别人，却不知道怎么照顾自己。大概我们都有着对别人的责任感，却没了对自己的责任感。我们知道提醒爱的人天冷加衣、饿了吃饭、不要常熬夜、要多喝水多锻炼，却不知道提醒自己。

等到生病了才知道身体多重要，等到分离了才知道拥有的多宝贵。

我们都太后知后觉了。

5

以前写过一段话："能接吻就不要说话，能拥抱就不要吵架，能行动就不要发呆，能团聚就不要推辞，能好好吃东西就别饿着自己。好东西不要珍藏，今天能做的事不要等到明天。从现在起，答应自己的事就尽力去做到，答应自己要去的地方就尽力去抵达。这个世界太危险，时间就该浪费在美好的事物上。"

我想，这句话最适合每天提醒自己一遍。

我受够了浪费时间，我受够了挥霍生命，我受够了一而再为了不必要的事情操心。所以我已经决定了，我不能败给自己想象出来的恐惧，也不能害怕我不知道的东西。所以我想要在告别前抓紧一点、在相遇前变好一点，在今天时珍惜一点，这是我在巨大的无力感中能做到的唯一的事。

我喜欢我现在听的歌、我现在看的书、我现在做的事、我现在陪伴的人。

我现在拥有的一切，都是我的大好时光。

每一分每一秒都要往前走，我现在拥有的，都是我的大好时光，没空闲去浪费时间。

▶▶ BGM: B.O.B *Don't Let Me Fall*

thirty

/ 因为你们也在那里 /

我有个微信群，里面都是我的好基友。群里充斥着各种时差党，三天两头不睡觉。过年那阵兴起发红包，于是他们都算准时间，等到我睡觉之后才开始发红包。我是一个有原则的人，从此困的时候绝对不睡，抢到一个红包再睡觉。

作为报复，以后每次聚会到凌晨两点多大家开始犯困的时候，我都会放一首很嗨的歌，然后对他们说："睡个毛线！起来嗨！"

有阵子老唐失恋，某天晚上在群里给我们集体发红包，越发越多，能分清什么是幽默、什么是嘴贱特别重要，恰到好处、恰如其分的关系就建立在了解上。遇到理解值得庆幸，好友就是了解你的人，知道什么时候能吐槽你、什么时候该陪着你。这并不刻意，你们之间有种磁场，彼此都懂彼此，心照不宣。

我们也越抢越多。老陈最先看出苗头，在群里问："老唐，你别发了，说说你到底怎么了？"

老唐给我们发来一段语音，里边的声音断断续续、无比嘈杂，我们都知道他去了哪儿。

老唐心情不好的时候，无论什么时间点都会出门，穿过人山人海去那家24小时速食面馆。

我们也都知道他喝多了。

小裴也在上海，二话不说出了门去那家面馆找他。群里剩下的九个人一个都没睡，等着小裴给我们直播最新的消息。

婷婷一直是我们中最早睡觉的，她的生物钟无比规律，晚上十一点睡，第二天七点起床。那天我们等到了凌晨三点，小裴才在面馆后的停车场找到睡在路边的老唐。

这期间我们都让婷婷去睡觉，我说："婷婷，你先去睡觉，如果真有什么事，我一定第一时间打给你。"

婷婷回："不行，只要没有消息我就不安心，我不安心我就不能睡。"

那是我印象里婷婷睡得最晚的一次，哪怕她失恋，哪怕她不开心，她也能按时睡着，除了这次。

第二天，我们数好自己抢了多少红包，每个人都默契地原封不动地还给了老唐。

老陈2013年订婚，他在南京，我在北京，订婚那天一早我有活动要忙到中午。

老陈说："没关系，你忙你的，等到结婚那天准时来就行了。"

我说："不行，我还要看着你哭呢！"

我到南京的时候已经下午四点了，坐在出租车上我一直看表，生怕错过了时间。

出租车师傅看我一直看表，问我："要跟女朋友约会吗？"

我说："是我最好的朋友订婚。"

师傅说："那一定得去！你别着急，我一会儿肯定开快点，保证你按时到。"

后来师傅把我按时送到了酒店门口，至今师傅的长相我都记得。

原本和我一样不能来的还有大头。

大头在武汉，他那天要加班，跟领导怎么请假都请不下来，说是特殊时期不允许请假。我们也知道大头的工作忙，他自己都常常顾不上吃饭，晚上只要客户一个电话他立马就得爬起来打开报表，彻夜不休地工作。

我刚到南京时打开微信，就看到群里跳出了大头的信息："老陈，你们等着啊！哥这就打车去武汉火车站！不用等我，你们准时开始，但我一定到！拼死也到！"

从汉口到南京最快的动车也要三个小时，大头到达酒店会场的时候已经快九点了，很多宾客都走了，我们这桌却像是刚开始。

他走到我身边的时候已经上气不接下气，把公文包往桌上一摔，扔掉自己的领带，说："累死老子了，还好今天能到。"

我看着他的样子哈哈大笑，说："大头，你的发型凌乱得头更大了。"

大头拿出手机也笑了起来，说："你还好意思说我，你看看你的眼睛又小了。"

我说："我眼睛小有什么关系，你看看，老唐这么大年纪还长痘！"

老唐拍案而起："你大爷的！不是说好不提这个话题吗！"

后来我们整桌都笑了起来，那是2013年我们最开心的一天，我们拍了一张合照。照片里的小裴和婷婷眼眶还是红的，我故意眯着眼睛，大头没有整理自己的发型，老唐把长痘的左脸对着镜头。

那是我们几个最丑的照片，却是我们最珍贵的照片之一。

那天是属于老陈和大丁的，也是属于我们的。

2010年，我刚在墨尔本看完演唱会，在日记里写："人生有多少个青春能挥霍，又有多少个三年可以浪费。我们总是麻木太多、受伤太多，也许只有这样我们才能发现，原来幸福只是一件可贵的小事。看演唱会的时候，我也还是会想，什么时候我也能有三万人，听着我说话的三万人。我把自己的旅行带给你们，我把自己的感悟带给你们，我把自己的倔强带给你们。天亮以后，我们各自离开，各自开始自己的生活。"

包子在下面回："你可以的。"

2013年，我人生的第一场签售。我一个人在北京，想着要穿得体面就准备了一件衬衫，可因为在北京待了几天加上我这个人粗心，衬衫奇皱无比。我一早就起床，问前台借了个熨斗想着自己把衣服烫平。结果把衣服烫了个洞，这是我带的唯一一件衬衫，我觉得天都黑了。

我只能坐在床头一边听着歌一边对自己说，没关系，不过是一个不好的开头而已，一定会有个好结尾。然后我听到手机响，是婷婷给我发的信息："我今天早上起了个大早，特地去给你求签了，是个上上签，下午一定会成功的，一定会顺利的。我们都看着你走到现在，我们都对你有信心。"

然后我就看到群里所有人都给我发了照片，是他们在各自的城市给我写的祝福语。

老唐说："你眼睛这么小，一定聚光，所以放心吧，世界的美好逃不过你的眼睛。"

大头说："虽然你没有我帅，但你还是有颜值的，哈哈哈，加油，我们信你。"

小裴说："你要是高一点我就一定嫁给你了，哈哈，你看老天没让我嫁你，他肯定会在别的地方补偿你的。所以今天你一定行！"

……

我在群里回了个笑脸："你大爷的，还能不能好好说话了！"

然后一遍遍地看他们给我的祝福，觉得浑身都是动力。

那天我记得特清楚，是2013年6月1日。

因为第一本《想太多》的失败，其实我做好了没有人的准备。但那天来了很多人，晚上回到酒店，我一边看着大家给我的礼物一边发呆，莫名地想流泪。

拍了张照片到群里，老陈瞬间破坏了我的心情："哈哈哈，你居然也能收到这么多礼物。"

然后他特别正经地给我发了个："恭喜你，为你开心。"

其实我们刚开始认识时，大家都是一副高冷难以亲近的样子，熟了以后才发现大家都是逗逼。我和他们的相处特别自然，彼此开着玩笑，却又能在彼此需要力量的时候正经地推彼此一把。

这么多年，我们都起起伏伏。我们做错事，我们走弯路，我们爱错人，失恋时我们一起天黑，难过时我们一起等天亮。幸运的是在茫然失措时身边有这群朋友，他们让我毫无理由地相信，未来一定会变得好一点。

有些事情值得你拼尽全力去做，有些人值得你赴汤蹈火，比如梦想，比如一直陪你的好友；但那绝不包括为了面子做不爱做的事，挽回一个决心离开的人，失恋后的自我放逐。我的精力有限，绝不为不值的人又傻又累又像狗；我的时间宝贵，乐在其中才是我投入自我的理由。

有些友情怎么放也不会久，只要相遇就觉得时间没走，那是唯一能打败时间的东西。可遇不可求，但能遇到就是一辈子的幸运。这些友情，值得我拼命去珍惜。

如果有一天我失去了所有热情，却还是愿意买一张去往远方的车票，那一定是因为，你们也在去那里的路上。

▶▶　BGM:　Kris Allen　*Better With You*

thirty-one

/ 站在舞台边上的人 /

我的一众小伙伴里，只有婷婷最正常，从不作死。她的生物钟跟我们截然不同，我有段时间最离谱，可以天天看着天亮不睡觉，还能在天亮后起身跑步然后吃顿早饭再回来睡觉；老陈老唐大头也都是熬夜控，不熬到两点都不会睡。

只有婷婷从高中起就每天晚上十一点睡，早上七点起，少有例外。她的话不多，但她和小裴截然不同，小裴不讲话时你能看到"高冷"两个字写在她脸上，婷婷是很典型的软萌妹子，你从她身上看不到任何一点有关高冷的迹象。

如果人生是个舞台，有人会穿过千军万马披荆斩棘一路打怪升级获取经验，站在舞台的中央用常人想不到的代价，换取一个发光的人生。也会有人喜欢自己的小世界，站在舞台边上看着舞台上的表演，为舞台上的人真诚地鼓掌，不嫉妒也不自卑。前者不屈不挠，后者不卑不亢，无论哪种，都让人欢喜。

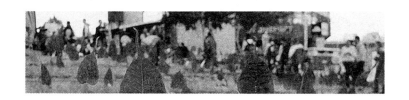

那时我完全想不到我会和她成为很好的朋友，直到有一次我去她家，她家装扮得特别精致。那天下午我准备去借几本书，看到整齐划一的书柜，我不知不觉待了一下午，她听着歌画着画，阳光特别暖和，她养的两只猫在阳台边呼呼大睡。

她画画其实特别棒，很多次我都问她为什么不试着去投稿或者做个绘本，她总是笑着说："我就是喜欢画画这件事情，没必要让那么多人知道。"

你可以看到很多这样的人，他们话不多，他们从不锋芒毕露；他们是你在街道上擦肩而过的路人，但他们都有着自己的爱好，有着自己的一技之长，有着自己不为人知的坚持。

2011年起我开始变得特别忙，那时每天要回几百封邮件，没日没夜地熬夜，顾好这头顾不了那头。偏偏我这个人有时忙起来就神经大条，出差时忘了带身份证，或者是到了目的地找不到酒店的事情常有发生。

婷婷看不过我这样，就提出来要当我的助理。

那阵子我没有收入，看不到前路，没办法马上发她工资，最关键的是自己也是吃了上顿下顿就得喝西北风。

婷婷坚持，说没关系，自己每天起得早，正好可以给我回邮件，上班时间也算规律，周末时也可以陪着我跑。

2012年后我慢慢步入正轨，开始跑一些学校，开始跑一些活动。

她给我准备润喉糖，给我准备水，提醒我准备PPT，再跟着我一起去看场地。

活动结束后我每次拉着她一起合照，她总是站在队伍的角落，摆出非常真诚的笑容。

2013年的冬天，我还没回国，很多东西只能交给婷婷。

我常常过意不去，可她都说没关系。

她不知道怎么回工作邮件，就一个人上网查资料；她不知道那些学校的情况，就一个接一个打电话；她害怕我忙不过来，就把我的时间表列了一次又一次。最后把所有情况汇总，每天早上七点准时发到我的邮箱里。

第一次打开Excel的时候，我感动得想哭，她列好了每一个细节，还加上了很多小贴士，提醒我这场要两个小时那天要多喝水，提醒我场地有点偏那天要早点起床。遇到一些没有去过的城市，她会给我做一个路线图。她不知道怎么用电脑画，就用手写，从来没有指错过路，从来没有记错过日子。

其实她不需要这么做，可她就是这么做了。

其实我可以做更多的，可她都是默默先考量所有细节，再把能通过的告诉我。

我知道，她就是这样的人。

她不知道偷懒，不知道取巧，也不求能站在舞台中央，只担心自己做得不够好。

她从一开始就不是那些可以站在舞台中间的人，那些人需要隐忍，需要天赋，需要非同一般的毅力，更需要上一秒被打了一巴掌下一秒还能保持仪态的如同变形金刚一般坚硬的内心。

这条路虽然九死一生，但大多数人对这条路趋之若鹜。

可她不是，可有些人不是。

她不会削尖脑袋往一个圈子里钻，她没有那么惊天动地的梦想，她没有那些轰轰烈烈的青春。

她不会争着抢着要得到些什么，她只是默默地做好一切认为自己应该做好的事。

她就这么站在舞台边，欣赏着自己喜欢的东西，真诚地为每个发光的人喝彩。

其实婷婷，我一直都忘了说，这么多年你给我的触动、你给我的力量。

我累得不行的时候，就会看着你给我发的那些邮件发呆，想着你特别认真又真诚的眼神，觉得自己获得了太多太多。

世界应该为你喝彩。

2013年时，我考研，过起了除了吃饭睡觉就是在图书馆的日子。

我去的自习教室不大，但从来不会发生抢占座位的情况。每个人都有每个人的位置，大家见面的时间长了，也都有了默契。

有一天，我为了一道题特抓狂，旁座的姑娘给我递来一瓶水，对我笑笑什么也没说。

临考前一天，前座的哥们儿站起来特别严肃地拍了拍自己的桌子，走出教室前回头看了好几次教室。那时的空气都是默契的，我们都抬着头跟他笑着打了招呼。

我是最后几个走出教室的人，在我做题时教室前的黑板上不知不觉出现了一行字：大家都要加油。

那是我记忆最深的画面之一。

我们都在为了自己想要的东西努力着，可我们这些人也只是千军万马中的一员，那些辛苦很快就会消散，除了自己没人知道。

我常常怀念起那时的教室，那些不知道名字的人。

我们崇拜那些有着远大理想的人，我们惊叹他们一路上取得的成就，可就是有那么一些人，他们有着自己的小目标，他们有着自己想要去的地方，尽管那个地方不为人所知。

愿意沉静地做着自己喜欢的事情，不去打扰别人也不被别人打扰，这不但不是件小事，简直就是一个了不起的成就。

很多时候我们翻山越岭越过山丘，世界却浑然不觉；我们小心翼翼怕打扰，他人却无从知晓；我们自我斗争挣扎着向前走，旁人却不屑一顾。我们的故事听起来多么平凡，可就算没有那些曲折离奇，没有那些轰轰烈烈，我们的故事依旧独一无二。

没有成群结队的朋友不代表孤独，没有陪伴左右的爱人不代表过季，没有惊天动地的梦想不代表平庸。三两朋友可以时常相聚，孤身一人时能充实自己，完成小目标时也竭尽全力。对自己负责，有自己的想法，你不必时时站在台上，也能找到自己的光。

给那些站在舞台边上的人。
给我最亲爱的助理——婷婷，谢谢你。

▶▶ BGM: Maroon5 *She Will Be Loved*

thirty-two

/ 一个人生活 /

1

人生第一次坐飞机，就是飞去墨尔本。

飞之前对着地图仔细比画，心想再过十几个小时，我就能站在离家八千多公里的地方了。我会沿着海岸线飞离中国，然后再穿越一个太平洋。一个人踏上大洋彼岸，这件事简直太酷了。

但坐飞机的过程一点都不酷，我是一个无论在任何交通工具上都没办法深睡的人，所以我一直醒着。带上飞机的书看完了，就接着看现实常不尽如人意，其实你心里都清楚。一路有多少困难，总跟你选择的路有关。我在经历孤独，我想你也一样；偶尔还会有放弃的念头，我想你也一样；但总能说服自己坚持下去，我想你也一样。每个人都有让自己坚持下去的理由，这理由可能千差万别，但心还没死时就别放弃，要么让它死透，要么砸出一条路来。

小桌板上的小电视。两部电影看得我昏昏沉沉，可怎么也睡不着。看完后我赶紧查还有多久才能到，时间指示五小时。

下飞机的时候我想，我要不认真过完这几年，都对不起我这两条因为坐飞机而酸痛的腿。

那时我心想，如果有一天我自己住了，一定要把房间布置得特别简单，一张大书桌、一张小沙发、一台音响，再加上一盏好看的台灯就可以了。我要每天给自己做饭，然后变身大厨。总之，我要洗心革面，一跃变身成我想象中的样子。

然而我孤身住了好几年，直到2015年才把房间布置成想要的样子。

2

一个人吃饭，对当时的我无疑是折磨。

作为吃货，这世上没有什么能比吃饭更好的事了。吃饭时既能跟朋友聊天，又能填饱肚子了，顺带看看周围经过的妹子，享受一下难得慵懒的时光，简直是一天中最幸福的时光啊！

没想到很快我开始一个人吃饭，于是吃饭的功能突然只剩下了填饱肚子。匆匆地来，匆匆地走，不剩下一点饭菜。

那时大家的课表都五花八门，时间表从早上排到了晚上，偏偏就是凑不到一起。加上我的课都被排在了饭点前，很是尴尬，上完课跟朋友一起去吃我可能会饿死，上课前先吃就只能一个人去。

想了想我还这么年轻，怎么能饿着自己。
于是我开始了两年的一个人吃饭生涯。

那时觉得一个人吃饭一定特别惨，那时觉得一个人做任何事情都特别惨。一个人看电影，一个人吃饭，一个人旅行，都缺了一些什么。没想到我吃着吃着就习惯了，也不再别扭。

大概是因为习惯了这样的生活，我偶尔也会羡慕情侣，却又贪恋自由。

当我总算在墨尔本有了一众基友时，我去了堪培拉。
好像总是这样，刚开始习惯一个地方、一种生活，你却不得不跟这个地方、这种生活告别了。

3

我清晰地记得2011年堪培拉的每个清晨，先是五点准时出现的垃圾车，再是被唤醒的最早的那批上班的人。他们总是六点时拿着咖啡，提着公文包，像是上紧了发条一样冲向最早出发的那班公交车。这时整个城市才从疲惫中苏醒，世界在阳光中清晰起来，而我站在落地窗前看着这座城市逐渐车水马龙，有种说不出来的淡漠感。

也许，你刚赶完一夜的论题，在去找导师的路上；也许，你兢兢业业工作了快十年，却面临着失业的危险；也许，你就像我，在一座知道自己终将会离开的城市，找着属于自己的生活坐标。

是的，每个清晨。一年有365天，我就有365天这么醒着。

那时候生活简直一团糟。随处乱放的衣服，看完就堆在桌上的书，被我弄坏的台灯，心血来潮时买了却再也没用过的东西。有一天，我走回自己的房间，突然感叹：我到底是怎样才能把这么一个小地方弄得这么乱的？

更关键的是，我知道我不属于这里。
我没有一时一刻不在想着未来要做的事情、想着未来要去的地方，而我所在的堪培拉，从来就没在我的计划里。
然而我知道，在通往我想要的未来的那条路上，我必须花很多时间在这里。

可我还是感到不安。
那时我每天都尝试着写东西，可怎么写也写不出来。我记得铺天盖地而来的压力，比如爸妈给你的未来规划，比如朋友逐渐找到了自己的路。只有你，执着地走着一条不知道能否通往未来的路，看着爸妈的规划，心有不甘却不得不承认，他们说得也有道理。

那时我常想，我是不是把一切都搞砸了。
明明做选择前就有心理准备的，可被出版社赶出门的一瞬间，才明白我还是低估了一路上会遇到的挫折。

你知道你想要的未来是什么样子，可你不知道你脚下的哪条路，可以通过去。

罗兰说："世界上只有一种英雄主义，就是看清世界的本来面目之后依然爱它。"

然而，我不知道我是否做得到。

有时候除了等待，你别无他法。

要验证你的选择正确与否总是需要时间，只是不是每个人都能背负得起这时间。于是在日复一日的等待中，我们犹豫，我们彷徨，然后我们在答案浮现水面前的那一秒，放弃。

我也无数次想放弃。

4

没有那么洒脱，没有那么多神奇又热血的故事。
我就是在一次次想放弃中坚持了下来，每次想放弃的时候我都会去洗把脸，仔细想想，觉得还是不应该放弃，因为我心里的火还没有灭，哪怕世界只能看到烟，我也不想这么快浇熄它。

或许也是心里有着这团火，我总是在放弃时能找到坚持下去的理由。有时只是听到一首励志的歌，看到一个励志的视频，有时又是身边那些好友都在坚持让我觉得自己不能放弃。我常觉得自己无比幸运，总有这些力量支撑着我。

后来我开始明白，这个世界就是这样，一定有人在坚持。
只是那些放弃的人，是不会被这些坚持所打动的；那些习惯低头沉默的人，总是对大声呼喊着前进的人不屑一顾。然而只有内心还有那团火的人，才能发现那些同在坚持的人。

如果我被困在这个地方，那我就试着在这个地方找到我喜欢的生活方式；如果我面前的事情我不喜欢却不得不做，那我就试着把这件事情做好，再从中发现可以共通的道理。

我喜欢打篮球却没能成为篮球运动员，但那保证了我的身体健康；我因为一个姑娘喜欢一个乐队，虽然那个姑娘没有跟我在一起，我却喜欢上了那个乐队；我因为留在了这里，虽然我早晚要离开，却找到了面对孤独的办法。

我的人生就充满这样的阴差阳错，就像我从小到大就是个理科生，最喜欢数学，最讨厌背诵，却在这儿写着文章。

做过的事总有意义，哪怕是那些你不喜欢的事也是。如果逃不掉，注定要花费时间，那就把时间花得用心些。一件事能有什么样的意义，在于你能给这件事什么意义。只有这样你才有足够的资本，在遇到你喜欢的事情时，把这件事情牢牢握住。

于是我开始大量地阅读，开始反复练习，开始试着把每一天都利用起来。
于是我开始试着爱上我现在所生活的这座城市。

人生充满各种中转站，你知道你到这里只是为了去另一个地方，可就是这样的中转站，给了你足够的休息时间和力量。

5

你看我现在慢慢找到了那条通往未来的路，却开始怀念那些找路的日子。当然我非常喜欢现在的样子，每天都乐在其中。我想，人在某种程度上都很贱，你总是会怀念那些一无所有的日子，觉得那些时刻比什么都真实，而你在经历那些一无所有的日子时，想的都是某天要过上想要的生活。

我现在已经可以把房间收拾得井井有条了，像是一个人住久产生的强迫症，一本书放错了位置我都不舒服。我终于买了自己梦寐以求的大音响，每天都用音响放着那些喜欢的歌。我终于有了一个很大的书柜，我不知道要用多久才能把书柜填满。

我还想养只猫，但想想自己那么逗逼、猫那么高冷，我很可能搞不定它。

哦，对了，我现在给自己做饭时，也没那么敷衍了。
我已经学会了不敷衍自己，从某种角度上来说，这比不敷衍别人难得多。

在某段时间里，我想过：如果我当初选择了另一条路会怎样。
我想，以我的性格我一定会有很多朋友，可以时常相聚，我不会离家那么远，在累的时候可以回家看看。我那几段跨越太平洋的恋爱或许也不会无果而终，至少还能多制造一些两个人在一起的回忆。

但我后来想了想，我只是在爬坡时觉得累，想要过一些别样的人生而已。归根结底都是一样的，你还是会面临孤独，你还是会碰壁，你还是会爬坡，然后念叨这条路怎么这么长，什么时候才能到山顶。

什么时候才能到山顶？我不知道。

我是多么笨拙，每次快到山顶时才发现不过是幻觉，山顶还在更高的上头呢，就这么循环反复中，我慢慢爬过了很多路。

我想，我一定可以越走越远的，我就是这么确信着。哪怕我翻越山坡又发现了另一个坡，我也不会害怕。

我最终还是告别了堪培拉，回了墨尔本。

那么然后呢？

然后，我就要回来了。

▶▶ BGM: Eninem/Sia *Beautiful Pain*

thirty-three

/ 各自的天亮 /

二姐其实本来不叫二姐，我们都叫她三姐，可她嫌三姐太难听，说反正自己挺二的，不如就叫二姐吧。

我们叫她三姐是因为她做事永远只有三分钟热度。刚认识她时她学做饭，刚看完菜谱就发了飙："一勺盐！什么叫一勺盐！是用小勺子还是大勺子，你倒是写明白啊！"然后她受女神刺激学起钢琴，说自己学钢琴肯定是高端大气上档次，然后学了两天就抛弃了钢琴跟我们出来玩。我问她钢琴的事，她说："让一个人高端大气上档次的不是钢琴，而是脸。你看吴彦祖健身你们都说帅，但换了潘长我知道你也把一个人的微博从头到尾看过，他喜欢的你也喜欢，他讨厌的你也讨厌。他难过你想安慰，他开心你想祝贺，可你们之间有时差。他像夏天般炽热，你却一人走过了四季没留在夏天。他像清晨般明媚，你却在夜半时独自醒着错过了清晨。

江去健身，你们会说帅吗？"

再后来二姐在三里屯盘了个店，改成了一个小酒吧。我心说那敢情好，最爱朋友开酒吧，这样我就可以每天去蹭酒喝。在二姐那儿蹭酒的第一天，我说："二姐，你这酒吧可得开久一点。"二姐点头："那可不，我每天都守在店里看小帅哥呢，这种好事我肯定得做久点。"

一个月以后我满怀期待地再回北京，酒吧关门了。

那阵在二姐那儿蹭酒时，二姐总是一个人在门口溜达。等到凌晨两点多酒吧快关门时，才进来跟我们这帮小伙伴一起喝酒，然后三分钟喝醉。喝多之后她就抱着吧台旁边的柱子狂吐，一直吐到吐出胆汁再开始干咳，接着冲到厕所洗把脸，面无表情地走出来，假装刚才什么都没有发生。

我们也都默契地不问，只默默地帮她拖完地，再一如往常告别回家。

只有一次二姐彻底喝醉了，喝完直接趴在桌子上就吐，吐完之后满脸泪，抬起头就对我们吼："老娘不等了，老娘再也不等了。"

就这样她一直哭到天亮，哭到手机被她砸烂，哭到眼泪再也流不出，哭到再也吼不动，她等的人还是没来。

哦，对了，那部手机，就是那个某人送给她的。

二姐坚持最久的两件事，都和某人有关。

一个是坚持用某人送的手机用了三年，另一个就是一下爱了某人好几年。

可她明明是一个做事只有三分钟热度的人。

原谅我实在不想叫某人二哥，就让我叫他某人吧。反正他俩终于也山高水远再不相逢，我知道某人在二姐心里永远变不成路人甲，但也永远变不回主角。

说起某人还是主角的时候，二姐像嗑了药、喝了酒一样疯疯癫癫地爱他，活像是琼瑶剧里的女主角，每天都过得撕心裂肺、轰轰烈烈。她也特别喜欢电影里的桥段，每天都爱和某人演。她说自己是三分钟热度就害怕某人也是，所以要想着法地看看某人有多爱她。

比如她半夜打电话给某人说有急事，某人立马出门气喘吁吁赶到时才知道什么事都没发生；比如有一天他们一起去朝阳公园，半路上二姐说不想去了，死活要去看长城，某人二话不说开了导航立马变道，开了几个小时去看长城；比如她有一天在街上任性起来，偏要某人到五十米开外冲着她跑过来边跑边喊"我爱你"，某人都没迟疑立马冲到五十米外照做。

那天，我看到两个金光闪闪的神经病，一个在王府井大街一边奔跑一边喊"我爱你"，另一个还没等他冲到跟前就向着他跑了过去，然后大喊"我也爱你，爱到海枯石烂的那种爱"。

我和包子对视一眼，脚底抹油瞬间退到了两百米开外。

某人那阵是真的爱二姐，就像是二姐一皱眉他就能立马想出几百种哄二姐的办法；去唱歌他就能一下点出好几十首二姐最爱唱的歌。那时二姐就是他手上的至宝，而且是必须万般呵护每天察看几百遍生怕她落一点灰的那种。

那时的她气势如虹。

毕业后二姐本来想回西安，但为了某人毫不犹豫留了下来。二姐比某人先毕业一年，就先在外面租了个房子，一边疯狂找工作一边省吃俭用。某人也常去二姐家住，二姐是在毕业后第三个月找到工作的，那天我们在她家喝啤酒，不知道是喝多了还是怎么的，某人突然扑通朝着二姐跪了下来，说，这一年你多委屈我知道，按说这房子我也该出钱，你别急，等老子毕业了就娶你。二姐唰地眼泪掉下来，像极了偶像剧里的苦情戏，一把抱住某人说，没关系，我等你。

有个朋友那时在喝酒，噗地一下吐了二姐和某人一身，一边拿着纸巾道歉，一边说我第一次看到现实中的这种戏码。我轻蔑地一笑：小伙子，你还太嫩了，他俩这样的戏码我一天就能见好几次。

等我毕业了就娶你。好，我等你。

于是二姐一等就是六年。

其实某人很早就开始不对劲了，毕业后他喝醉的次数越来越多，回家的时间越来越晚，后来干脆回家的次数越来越少。二姐心里也嘀咕，想着某人应该是辛苦赚钱，但后来想通了，谁赚钱能几天几夜不着家。

那时他俩开始不分昼夜地吵架，吵架，吵架，但二姐的口才某人根本没法比，每次他都被二姐说得哑口无言。有一次吵得特严重，二姐开始摔家里所有能摔的东西，包括某人新买的笔记本。某人打开窗户，一下把二姐的手机摔到了十楼下面。智能手机不比诺基亚，愣是摔得屏幕粉碎散了架。

某人第二天送了她一部新手机。
手机坏了能买新的，甚至买更好的，而感情有了裂缝连破镜重圆都不可能。
所以他俩不光没有破镜重圆，反而彻底分了手。

那天某人在二姐家收拾东西，二姐冲过去想抱住他，可还是忍住了。
后来他俩在门口互相道了别，谁也不说话。
二姐想起那阵子快分手时，他俩打着电话，也是谁都这么不说话。

明明有千言万语，可对面再也不是那个可以说话的人。

相见恨晚变成没有默契，侃侃而谈变成无话可说，面对面交流变成翻山越岭，相识也能变成陌路那种感觉，就像你沉入了海底拼命想呼救，却喊不出声，只能看着自己一点点沉到海底，被黑暗吞没。

一周后二姐回了西安，走之前她说自己再也不会回北京了，与其待在这个伤心地，不如回家继续气势如虹。

那时我也真信那是我最后一次在北京见二姐。

可一个月还没到，她就又回来了。她说，原来的领导给她发了邮件说希望她回来工作，她想了想找个工作不容易，就回来了。我说，也好，只要你别再想以前那份感情，这工作总比你重新开始一份工作、重新磨合强。

但我错了，工作只是一个催化剂、一个幌子，二姐是为了某人回来的。

两人分手不到一个月，又旧情复燃、你侬我侬。我不知道他俩是怎么又搅和在一起的，看着他俩恩恩爱爱、和好如初，心想要真能和好也好，毕竟这么多年陪着二姐的，也只有某人。

有一天，我们和二姐一起去三里屯玩。二姐说："三里屯这地方真不错，以后我要在这附近开个酒吧，你们可得来捧场。"我问："怎么想到开酒吧？"二姐说："这样某人在外面喝酒的时候就可以来我这儿了，免得他鬼混。"

包子和我互换眼色，我问："你们现在怎么样了？"
二姐眉飞色舞："等我们两个工作都彻底稳定了就结婚。"
听说某人的工作也快稳定下来，想想就是不久以后的事，我们都祝福二姐。

事实证明，某人给二姐的，只有"等"这个字。
半年后某人的工作稳定了下来，他俩又开始频繁地争吵，原因俗到像一部通俗的偶像剧。某人的手机里出现了一个三儿，这回两人吵架谁都没摔谁东西。
后来二姐说她摔不动了，以前她还会生气愤怒，这回她心灰到骨子里，已经没有力气再去发泄心里的情绪。

于是两人再次分手。
分手后二姐辞了工作，回了西安。她说难过的时候只想回家，只有西安能让她安心。

我去西安见过她一次。那时临近过年，她说自己马上要结婚了，家人介绍的，感觉还不错。

我说，祝贺你，终于找到归宿了。

二姐笑笑没有说话，我看不出任何感情。

过年时二姐打电话跟我说她退了婚，家人不能理解，不光是她自己，对方的家也被搞得天翻地覆。还好自己那时找的是个好男人，对她说既然不想嫁那也不会强娶，帮她好说歹说才勉强说服了双方父母。可她爸妈不乐意，觉得自己女儿给自己丢了脸，那天她边哭边说她在西安快待不下去了。

我说，这都是小事，你来张家港，我包吃包住。

二姐沉默了一会儿，说，我想回北京，我想开酒吧。

其实二姐很有市场，那阵她每天在酒吧门口溜达，还真有不少人问她要号码。她也不给，就说自己在门口等人，可一连好几天也没人看到她等到谁。

那时有人追二姐，开了辆豪车停在酒吧门口，进了酒吧就对二姐说："我要把这个酒吧盘下来，包括你。"二姐也没含糊，回了一句："滚。"

那人看二姐这样的态度，边往外走边骂骂咧咧："你每天都说要等人，可我也没看到你真的等到谁，傻×。"

那天二姐喝醉了。

那天二姐砸烂了手机。

那天二姐还说了句："为什么不是我？"

我想起她酒吧刚开张的时候，我说："二姐，你这酒吧可得开久一点。"

二姐回："那可不，我每天都守在店里看小帅哥呢，这种好事我肯定得做久点。"

其实二姐的意思是："那可不，我每天都守在店里等着某人呢，我们以前说好要在这里开酒吧的。"

后来我才知道，二姐开酒吧前给某人发过信息：我开酒吧了，希望你能来。

没有回应。

二姐说，只要他说自己会来，我就会一直等，就像之前他说他会娶我，我就一直等。自己等了好几年，终于才明白某人给他的，只有等待。

那年她是多么气势如虹，现在她是多么兵败如山倒。

酒吧关门后，我去找过二姐。

二姐说自己就在北京扎根了，毕竟这么多年了，还是觉得应该留下来。

我怕她和某人脱不了干系，她告诉我某人已经结婚了。

她问我："你有没有把一个人的微博从头看到尾过？"

我点头。

她说："我把他的微博从头到尾都看过一遍，看到他开心想祝贺，看到他难过想安慰。可那些都不是他的现在，我们之间有时差，而那时在他身边的另有其人。我其实早就应该看开了，可还是没忍住最后联系了一次。其实讽刺的是，我被他宠坏了。这几年我一直活在过去的那几年里，在我想念的另一头里，故事早就翻了好几章了，唯有我一个人留在了这页没办法翻篇。"

二姐最后被外派到了东京，我再没有见到她。

我不知道她还会不会把某人的微博翻了又翻，不敢关注，不敢评论。

我知道你也曾把一个人的微博从头看到尾过，看过她曾经的喜怒哀乐，看着她开心你想祝贺，看着她难过你想安慰，可那些都不是她的现在，能说的话也显得那么不合时宜。她的情绪和你有时差，她的天亮是你的天黑。只是来不及参与的，再牵肠挂肚也没法。

我想，现在二姐大概也明白了，有些人你等不到，他们是你在机场苦苦等待的一艘船；有些人在一起时总天黑，不如分开拥有各自的天亮。

▸▸　BGM：　陈奕迅《全世界失眠》

　　　　／喜欢你，不必等到愚人节／

1

两年前的愚人节，黄总准备向小九表白。但准备归准备，黄总这个人根本不知道应该怎么表白。表白前夕，他拉了个微信群让我们给他出主意。我们一堆人七嘴八舌，小裴最直接："用钱砸！一顿金银财宝把她砸晕了，这事就成了！"黄总回："你信不信我拿100块的硬币砸晕你！"

老陈最老土："你就买条项链然后藏在蛋糕里，她吃着吃着吃出来一条项链，多浪漫！"黄总说："谁愚人节送蛋糕啊！一看就有诈！"

春天的风吹过脸庞，夏天的雨伴着泥土的味道，秋天的落叶边踩边跑，冬天的午后慵懒的阳光，都比不上你在我身旁。我不相信距离，我不相信时间，我甚至怀疑爱情本身的意义，可我相信你。

最后这个滚烫的山芋滚了我这里，我说："……要不你给她高歌一曲？"

黄总说："我不会唱歌啊！"

我说："那……要不我给她高歌一曲？我现在给你唱一下啊，'对面的女孩看过来，看过来看过来，这里有个小哥喜欢你，他喜欢你……'"

隔着手机我都能感到黄总正在拼命忍住摔手机的冲动。

到后来我们实在受不了了，一起对着黄总喊："你直接对小九说一句'我爱你'，你会死吗？！"

黄总幽幽地回了句："说不定真的会。"

人固有一死，或死于拖延，或死于手贱，还有一种，或死于矫情。

不作不死，一作就死，国家认证。

2

其实我知道为什么黄总要选择愚人节这天表白，是因为这样可以给自己留条后路。自尊对黄总来说是一件天大的事，大到他可以假装自己不在意小九，大到他可以挑愚人节来表白。我一直不懂为什么黄总会把自尊看得这么重，大概就像我不知道为什么每到半夜我就会饿，这是一种无法解释的事情。

所以三年前的愚人节，黄总刚说完一句"我喜欢你"，就立马接了句"哈哈哈哈，我是开玩笑的"，接着就是死一般的沉默。我觉得尴尬，为了缓和气氛，毅然决然牺牲自己唱起了"对面的女孩看过来，看过来，看过来，这里的表演很精彩，请不要假装不理不睬……"

于是我们迎来了更长的沉默。

沉默中我一直等着第二个人打破这沉默，可无论是小九还是黄总，谁都没有说话。小九没有回应，黄总没有表白。

那句"我喜欢你"变成了愚人节一个无伤大雅的玩笑。
说假话时装洒脱，说真话时装随意。

小九不在我们这儿久待，很快她就飞回了广州。
或许这也是黄总潜意识里觉得他和小九不可能在一起的理由，因为小九之前的朋友圈写着：我不再相信异地恋了，爱情能超越时间能打败距离，都是假的。

3

一年以后的愚人节前夕，黄总说自己过两天一定要飞去广州对小九表白。黄总说，一年多了我都没有忘记小九，我必须告诉她我的心意。

我说："黄总，你还准备愚人节表白吗？"

黄总说："不，我想要在今天就表白。"

我看了一眼手机，3月29日，我问："今天是什么好日子吗？"

黄总说："今天不是什么特殊的日子，但从今以后它就是了！我不想等到什么节日，也不想等到什么明天，我要去对一个人说'我爱你'，此时此刻。"

今天愚人节突然想起这个故事，不知道多少人借着愚人节去表白，其实对一个人说"我喜欢你"，从来不需要等到一个什么特殊的日子。

还好这个小故事有个好结局，那时我正好写了句："我不相信距离，我不相信时间，我甚至怀疑爱情本身的意义，可我相信你。"
小九第一时间点了赞。

爱一个人，如果她在等待，你就往前走一点；如果她在怀疑，你就让她坚信一点；如果她自我保护，你就多付出一点。到后来你们相看两不厌时，谁都不会计较谁付出得多。

黄总过阵子就要结婚啦，朋友圈里晒结婚证、晒孩子的越来越多。
我要去给他们唱："对面的女孩看过来，看过来，看过来，这里的表演很精彩……"
谁都阻止不了我！

▶▶　　BGM：　任贤齐《对面的女孩看过来》

thirty-five 　　　　　　　/ 你是午夜误点的乘客，
　　　　　　　　　　　　而他偏偏也选了这班车 /

小雨是我刚到墨尔本时认识的朋友，人高腿长身材好，聪明学霸学历高，进能卧槽女汉子，退能嘻嘻小娇羞。大龄单身女青年。

她妈从六年前开始着急，变着法儿提醒她该找个人嫁了。

有一天，她妈问她："你还记得你高中的邻居吗，那个刘什么的。"

小雨知道她妈要说什么，漫不经心地说："记得啊。"

小雨妈也假装漫不经心地说："我昨天买菜遇到他妈了，小伙子最近过得很不错。"

"嗯。"

有时你是误点的乘客，别人早就出发到了目的地，只有你还在站台看风景，迟迟不愿坐上那辆开往未来的车。有时你也想踏上那班车，不管身边的人是谁。可你还在等，就这么误点着，等着那辆末班车，等着跟你一同上车的人。

"哦，对了，听说他已经结婚了，孩子都三岁了。"

"嗯……"

"你看看你，你说说你们一样大，你是不是也该快点找人嫁了。"

如果有人找你聊天，扯家常看似没有一点重点，请耐心听。很快你就会听到那个"哦，对了"，看似漫不经心，实则都是重点。

小雨妈一直有个特殊天赋，但凡小雨在家，她就可以从任何话题聊到谈婚论嫁。

"你看看你，这么晚了还没起床，怎么嫁得出去？"

"你也该学学做饭了，不然怎么嫁得出去？"

最让小雨郁闷的是逢年过节，七大姑八大姨和一堆不知道该叫叔还是舅的亲戚，天天对着她念叨。

没办法，小雨也走上了相亲的道路。

每次不是我就是老陈打她电话，假装有事江湖救急。

有一天，小雨刚相亲五分钟，就给我发了暗号。等我和小雨在咖啡厅碰面时，我问她："你这样下去怎么嫁得出去？"小雨掀桌："你大爷的，你这话跟我妈说得一模一样。"

我说："别说你妈了，连我妈都急。"

小雨说："我还没享受完现在这样的日子了，想干吗就干吗，又不用非得有个人陪着。我不急，谁都别想替我急。"

小雨也想着办法拖，前年最彻底，干脆一个人跑去支教。看着她风风火火，做着自己喜欢的事，我也真心替她开心，多么完美的例子！从此，我可以拿小雨的故事说服我妈了！

小雨，么么哒！

直到2013年9月，小雨喝多了给我打电话，边打边哭。

我说："天了噜，是不是支教的时候受人欺负了！告诉哥，哥……

给你打钱让你飞回来！记得还！"

小雨说："我觉得我嫁不出去了。"

我努力合上我惊呆的嘴，说："你不是不着急吗？"

小雨说："总还是有点的时候，我享受现在的生活，不代表我不想有个人可以跟我分享啊。日子过得苦，想有人倾诉；日子过得好，想有人分享。人都这样，这和她坚强不坚强没关系。"

我天生拿哭的女生没办法，不知道该说什么，只能说，没关系，再等等。

小雨说："老娘今年都二十七了！身边的人都有孩子了，就我没有。我也想有个他啊，啪啪啪，么么哒，分享我的生活啊，可是追我的人我不喜欢，我喜欢的又没可能，你说我这是不是贱。"

我说："不是，你这是要求高！要求高懂吗？！"

小雨说："我要求哪儿高了，我又不要求他怎么样，只要有眼缘就好了啊！"

我说："尼玛，能列出来条件的总有符合的，你知道这种虚的所谓的眼缘才是最高的条件好吗？"

小雨又开始难过："我嫁不出去了……"

有时羡慕情侣，有时贪恋自由。

有时什么都不怕，有时又怕没结果。

还好小雨等来了结果。

2014年小雨遇到了老沈，她觉得这就是她等的人了，老沈就是她的救赎。像手机连上了Wi-Fi，像不会游泳的人看到了一艘船，像我看到了最爱吃的。

两人开始成双入对，天天腻在一起。小雨妈最近头也不疼了腰也不酸了，别提多开心了。

我问她："这回确定了？"

小雨点头如捣蒜："嗯！"

小雨说："你说我跟别人都聊不来，怎么跟老沈就有说不完的话呢？虽然是陌生人，但又好像认识了很久。"

我说："这还不简单，是因为你以前不爱搭理别人，让你那么高冷。"

我问："如果没有遇到老沈，你怎么办？"

小雨说："继续等呗，等到等不下去为止，等到那天喝醉后的心情变成常态。"

这不是一个多曲折的故事，等待的过程有多难熬也只有小雨知道。

虽然我也想多提些老沈的故事，可我跟老沈完全不熟，对于他们的经历，小雨也不提。

我想说的是接下来小雨的这段话："有时候我觉得我是误点的乘

客，别人早就出发了，早就到了目的地，只有我还在站台看风景。爸妈急，朋友晒，其实有时候我自己也着急，我只是不等到那班车不想走。"

我说："如果你是误点的乘客，总有人跟你一样选了这班车。"

我也经常产生莫名其妙的熟悉感，就像你去一个从没去过的街道，昏黄的路灯、车站的海报、街边的红绿灯，都给你一种曾来过的感觉；就像你遇到一个以前从没遇到的人，却产生了像认识了很久才能生成的默契。

这种熟悉感我不知道从何而来，或许这世界就有莫名其妙的事，你是午夜误点的乘客，而他偏偏也选了这班车。

前不久小雨终于跨入了晒结婚照的行列，看着她幸福的样子，脑海里回荡的都是那天她哭着说我觉得我嫁不出去了。

就走你正在走的路，听你爱的歌，看你爱的电影，坚定不移地走下去。不要怕没人与你分享，想要遇到共鸣，就得先找到自己。总有人也会听那些歌、看那些电影，不要怕相见恨晚，相见恨晚后藏的都是还好遇到了。

想起这个故事，就突然这么写了下来，如果可以，把她的好运也
给你。

祝大家好运，么么哒。

thirty-six

/ 多远都没能在一起 /

对于早恋这件事，我也没有什么发言权，我因为不知道怎么表达，从一开始就输在了起跑线上。老唐不一样，这厮十四岁时就谈起了人生的第一场恋爱。

那年，他坐在教室最后一排，总喜欢眯着个眼睛观察教室里的每个姑娘，兴许是一起学习太久，老唐对班里的姑娘提不起兴趣。直到有一天，有个姑娘转学到了我们班，老唐的眼睛从此变大了两倍。

这种一见钟情的戏码，年纪越小越容易发生，因为不必考虑太多，离别时都说不管多远都要在一起，最后你们还是没能多远都还在一起。可时间重来，你还是会笃定地说这句话。因为说这句话时，你坚信不管去哪里，你都可以带她去。有时会想起一个故事，不光是想故事里的人，还有故事里的你自己。

都是看脸。老唐那年还没有啤酒肚，也算个小鲜肉，随即跟姑娘眉目传情。姑娘哪能明白老唐那猥琐的眼神，以为老唐是个神经病，加上人生地不熟，只顾低头写作业，从不看老唐一眼。

老唐开始变招，每天给姑娘写情书。老唐虽然成绩不好，但写得一手好字，不知道姑娘是喜欢那内容还是喜欢那字，傍晚下课时两人开始一起走。先是保持一米的距离，有礼貌地说说笑笑，再后来就牵上手了。

后来两人开始传字条，有一天班主任发现了，老唐一个箭步冲上前，抢过字条一口吞了下去，我们都目瞪口呆。后来班主任叫家长，爸妈逼老师问，愣是没能问出老唐的那张字条是传给谁的。但也因为叫了家长，两人开始不在课上传字条了……两人改在课上眉目传情。……好歹考虑一下我的心情，我坐在你们中间啊，我要掀桌了啊！

那时姑娘每次做作业做着做着就往老唐的方向看一眼，老唐瞬间就能像心电感应一样也看姑娘一眼，然后两人相视一笑。不要问我是怎么知道的，因为每次对视完老唐都会给姑娘一个飞吻，每次这个时候我也会心电感应一下地汗毛直立，感觉有个恶心的东西从我头上飞了过去。

就这么初中毕业，我们都直升高中。我心想要看着他们继续秀恩爱秀三年，姑娘却搬家去了镇江。

人对距离的感知，会随着时间推移变得不同。
家与学校的距离，人与人之间的距离，另一个城市和这里的距离。
那时觉得人与人之间的距离最近，城与城之前的距离最远。
但凡出了我们这个市，管它是镇江还是广州，都统称为远方。
姑娘就是要搬家去那个远方。

对老唐来说，这意味着不能每天上课看到她，不能每个周末去找她。
就是这么远。

姑娘临走时来班里跟大家告别，面色平静，直到她眼光扫到老唐时
眼泪直掉。她爸在一旁拍拍她的肩膀，说搬家这种事习惯就好了，
长大了你会觉得没什么的。父母在班主任也在，老唐就这么目送着
姑娘走了，一句话都不能说。

班主任一走，老唐立刻冲出了教室，但是他没能追上姑娘。回教室
时，他手里拿着一堆小灵通充值卡，说要每天给姑娘打电话，这样
也不用害怕欠费了。
在不打电话的时间里，两个人就互相写信。那时老唐和姑娘经常去
照相馆洗印照片，寄给对方。

那年暑假，老唐慷慨激昂地对我说："我明天要去看初恋！"
我深受感染："去！"
老唐："所以你要借我点钱！"
我深受感染："借！"
等等，好像有点不对！还好我机智，反应迅速："我为什么要借
你钱？"
老唐看向远方："因为爱。"

老唐就是这么在我幼小的心灵上开了一枪，再也没有还过。

他俩在车站见了一面，一起吃了午饭，在傍晚时老唐起身回了家。
两人在车站交换了送给彼此的书，约定看完了就再见一面，继续交换。老唐临走时抱抱姑娘，说虽然远了点，但是我们还能在一起。

可他的初恋还是莫名其妙地结束了，连分手都没有说。
姑娘因为她爸工作的关系，高二时说要搬去北京。老唐听到消息后差点想逃课杀去镇江，那天在课上他看着自己的小灵通，表情定格许久，大声喊了句靠。
那是他第二次被叫家长。

我一直不怀疑如果那天老唐能控制住情绪，如果那天他爸没有被叫到学校，他一定会毫不犹豫就去镇江。

姑娘晚上在电话里边哭边说"对不起"。
老唐说："不要管那么多，不管多远我们还是能在一起。"

后来老唐吵着要去北京，跟他爸吵了一次架。他爸把他的小灵通摔得粉碎，两个星期后的周末他才东拼西凑省出买一部新的小灵通的钱，可姑娘的电话打不通。

他才想起来姑娘说因为她爸发现她每天半夜打电话，要把她的电话收走，到时候她偷偷买一个，再把号码告诉他。

可没想到，老唐的号码也变了。

那天是我陪他去买的电话，老唐在马路牙子上坐了一下午。

什么都没说。

高三时老唐家为了备考，特地搬到了学校边的小公寓里。于是他和姑娘最后的一丝联系也断了，姑娘不知道老唐搬去了哪里，即使有时间写信，老唐也收不到。即使信能寄到原地址，也没法到老唐的手里。

那天老唐在草稿箱里给自己写了句"我们分手吧"。

就这样结束了他的初恋，伴随着最后两年的杳无音信。

时间飞逝，到了大三，那时开始兴起校内，老唐在网上找到了姑娘。老唐的高考志愿填了北京，我们都不知道是不是为了姑娘，两人五年后见面。

久别重逢是这样的，你看着她，还是那张熟悉的脸，可却拼不出原来的感觉。她头发长了，也长高了，在没有你的日子里成长了，在你们彼此最需要彼此的时候，你们没能陪伴在彼此身边。

我们都期待重逢时还如初见，可彼此都知道这是一场豪赌。

我们都相信我们是特别的，可最终我们还是落入俗套，无一幸免。

姑娘说那天她从镇江搬家，是被爸妈拉着走的，她怕老唐找不到她，她怕两个人就这么失去联系。后来她给老唐写过信，可是老唐没有回。

老唐笑着说，就许你搬家，不许我搬家啊。

姑娘也笑。

老唐没有拿出藏在包里的那些充值卡和照片。

后来老唐去了苏州，两人没再联系。

再后来2015年春晚出现了一首歌，叫《多远都要在一起》。

我一听这歌就给老唐发微信，老唐说自己也在听，还说，这句话不是他先说的吗？

我说，说不定这世界上每个人都说过这句话。

你们都说多远都要在一起，但你们都没有多远还在一起。

老唐说，现在回想起来没什么遗憾，也没什么后悔的。世界那么大，每个人都匆匆忙忙，有人能在身边停留过一阵就是奇迹。只是相遇的时机很重要，终究大家都是彼此路过。有时会怀念，大多数时候又觉得没什么，就是这样。

我问，如果重来一遍，你还会跟姑娘说多远还在一起吗？

老唐说，不管重来多少遍都是一样的，一样会那么笃定。

因为那是青春里的你，因为那是什么都不懂却信誓旦旦的你。

那是不知道自己会去哪里，却坚信自己可以带她去的你。

我想起我初中时暗恋的一个姑娘，她在我们班楼下。

有一天下大雨，我给姑娘发条信息，说："下雨了没带伞，你带伞了吗？"

姑娘没回，课后我趴在桌子上睡觉，听到有人叫我。

我抬头就看到了姑娘站在我们班门外，手里拿着一把伞，对我说："我带了两把伞，这把给你。"

我记得她穿的衣服，至今都记得，是蓝色的毛衣。

而我接过伞，想跟她说很多话，却还是只说了一句"谢谢"。

我不遗憾，只是偶尔会想起，只是偶尔回头看一眼，像是记忆里的碎片。

就像在这个说"约吗"跟问你"吃饭了吗"一样频繁、在这个说"我爱你"都快没意义的时代。

有时还是会想起那个站在你面前，因为太年轻太腼腆又太笨拙，明明看过无数电影，明明知晓无数情话，明明排练熟练桥段，明明见过人潮汹涌，却还是不知道应该怎么把心里想的告诉你，束手无策的我自己。

▸▸　BGM：邓紫棋《多远都要在一起》

thirty-seven

/ 不想再辜负别人，
就先不辜负自己 /

和朋友聊天，她在北京租了个房子，做设计。

她说最近开始养猫了，怕自己太孤独。

我发了个坏笑的表情过去，说那你该考虑找一个人一起生活了。

她回了个微笑的表情，说在真的遇到一下子能动心的人之前，宁愿
选择孤独。

我说，你这段话我不久前听过类似的。

每个人都会度过一段一个人生活的日子，或长或短，或习惯或不安。

免不了，逃不掉。

如果没有准备好，就一个人生活，往前走，等到能够撑得起期待的时候就行了。不想辜负别人，那就先不辜负自己。世界总会放晴，温度会变得刚好，时间稍纵即逝，我们该心生欢喜，别辜负大好时光。

三年前，朋友失恋，我们怎么找也找不到她。直到快放弃时，才在十号线上找到了她。她说自己难过时就喜欢坐环线，一圈又一圈，手机没信号，电话打不通，一个人待着。

包子也是差不多那时候被房东赶出来的，他来我家坐了会儿，把一切说得轻描淡写。晚上我想让他在我家住，他却不肯。第二天我接到物业的电话才知道这货在小区门口的草坪上坐了一晚，被当成了可疑人物。后来他找了住处，两周后我才有空去他那儿看看。那是个被改成卧室的仓库，我看着有点难受。他说，没事，这儿便宜。

很久以后我还能回想起找到姑娘时姑娘的眼神，和临走时看到包子坐在桌子前做视频，脚下一堆杂物的情景。

像黑白默片刻在脑海里，没有声音，没有对话。

因为我能看到他们在说：不要安慰我。

有时候人就是这样，遇到再大的事自己扛，忍忍就过去了，听到身旁的人一句安慰就瞬间完败。

所以让我一个人待着，不要安慰我。

不知道是不是想要彻底改变生活方式，姑娘在那之后一个人住了三年。

我说，一个人住有好有坏，有副作用。

姑娘笑，问我副作用是什么。

我说，副作用就是会产生只有一个人生活久了才会产生的怪癖，比如我每逢十二点就会开着音响做夜宵，包子在房间里摆了十二盆仙人掌，没人知道为什么。

姑娘说，那我就是一回家就脱衣服，一路走一路脱，一直脱到淋浴间，正好脱光然后洗澡。

我说，大白天的，你说这个太犯规了。

姑娘说，我现在很难想象将来我跟别人生活在一起的样子，可能这个习惯也会消失。一个人生活久了什么都自己承担，知道了生活的重量之后，再去习惯两个人的生活，反而需要更多的勇气。

我说，或许吧。

姑娘问我，你觉得这个转变是好是坏。

我沉默，吃起了排骨。

一个人走得远了，心就像无坚不摧的变形金刚。越强大其实越柔软，不怕伤害怕突然的温柔，不怕挫败怕突然的想念。

我们怕的，都是辜负。

难过也好傻×也好，自己选的，就不会有怨言。因为孤独的重量只是自己，辜负的重量还有他人。

很长一段时间我没有答案，我不知道是好是坏。

后来跟包子聊天，包子给我了一个简单粗暴的答案：不要辜负不就好了。我的小龙虾吃到一半，突然觉得这样一个简单粗暴的答案很有道理。

总是因为太患得患失，所以一惊一炸；因为起伏不定，所以失去原本拥有的。

既然还没有准备好让一个人进入你的生活，那就先过好一个人的生活。很累的时候，就听几首歌放空；很烦的时候，就去楼下跑步；很焦虑的时候，就去洗把脸。爱的人爱不到，就先爱自己；等的那天还没来，就先做自己喜欢的事。

我们得学会照顾好自己，调节好情绪，这不仅仅是对自己负责，也是让你未来遇到谁谁谁时能不自卑。对自己和对未来的那个谁的最好的礼物，就是把现在的自己照顾好，变得更好、更懂得珍惜。

我们都怕辜负胜过孤独，那就确保自己不会再辜负身旁的关心。
不想再辜负别人，所以选择先不辜负自己。
希望我们每个人都能在孤独这门必修课上及格。

thirty-eight
/ 你给的别人不要的，
就不要再给了 /

老陆是我大学时的学长，有一天我在上课，他来等我一起吃饭，一眼看中了跟我上一节课的姑娘。姑娘跟我一起从教室里出来，看到老陆也很礼貌地打招呼。老陆后来说，喜欢姑娘就是因为他特别喜欢有礼貌的人。我挤对他说，还不是因为姑娘长得好看。

从此以后，老陆每逢我上那节课就一定来找我，我想了想应该介绍他们认识，就拉着姑娘三人一起吃了几次饭。姑娘是那种见到人一定会打招呼、麻烦别人时一定会说"谢谢"、走在路上不小心撞到人了一定会说三次"对不起"的性格。再加上姑娘一米七，天生大不喜欢的歌，我们会切歌；不喜欢的人，或许我们都该学会拒绝。不耽误别人，不耽误自己。

长腿，老陆从此沦陷于大长腿，不对，沦陷于姑娘的善良，一发不可收。

后来老陆就跳过我，准时请姑娘吃饭。
说好的永远不重色轻友呢？！

一来二去，老陆和姑娘混得很熟，老陆的性格也很不错，两人又都对漫画、电影和音乐之类的东西很感兴趣，很是投机。
三个月后老陆准备表白，找齐我们给他出主意。

一帮人七嘴八舌，有人说，老陆，你就来个最俗气的方法，送她东西。

老陆大义凛然：我家姑娘是这么俗气的人吗？

听到"我家姑娘"时我们纷纷吐倒，表示让老陆自己想办法，自求多福，临走时给了他一个鼓励的眼神。

老陆思前想后，还是决定用送东西这个办法。

刚开始只是偶尔送一下漫画模型，姑娘也会送给老陆一些。

后来老陆咬咬牙，愣是好几天不让自己吃饱，省出来的钱买了条项链，决定送给姑娘，告诉姑娘他心里的秘密。

姑娘没有收。

晚上老陆找我喝酒，一直喃喃自语："为什么她不肯收？"

我说："因为太贵重。"

老陆说："也没有多贵重啊，相比起来有些模型反而更难找。"

我说："我知道有些模型很难找，但姑娘也会送给你一些，因为她觉得和人分享自己喜欢的东西是一件开心的事。贵重的不是你的礼物，贵重的是你的心意。"

老陆说："贵重怎么了？贵重就不能收吗？"

我说："不能收，不肯收，是因为她不喜欢你。"

老陆不死心，说明天要去她家楼下等她。

姑娘也心疼老陆，下楼见他，说了很多，最后搁下一句"对不起"。

我怕老陆太难过，就跟另一个基友在一旁等他，刚觉得时间过去太久准备去找他时，老陆拿着礼物盒出现在我们面前。

那是他精心准备的今晚准备送给姑娘的礼物。

基友叹气，说："还是不肯收？"

老陆点头。

我问："还有希望吗？"

没有回应。

那天下大雨，我们都缩在公交车站台下，我很怕老陆做出冲进雨里把自己淋感冒的偶像剧行为，和基友死死守住他旁边。

老陆沉默半天终于开口，说："你俩这是在干吗？怕我想不开？"

我一听老陆这样的语气，倒也放心了些，就问："接下来准备怎么办？"

老陆说："我知道姑娘是个好人，所以我也想让她安静些。死缠烂打说不定有用，但我不想这样，我知道但凡她有一点动心，她也不会跟我说这么多'对不起'。她不需要我这些，我又何必再给。"

我说："其实这样挺好的，真的，你和姑娘都挺好的。"

"就是没办法在一起。"

老陆补了这句话。

我想起之前我认识的另一个姑娘，特别喜欢我一哥们儿。

姑娘出了名地高冷，却对我哥们儿特别好，每天早上当他的闹钟，每天晚上都给他一个晚安。后来她决心表白，那阵子流行表白门，具体的例子有在对方宿舍下摆个心形蜡烛，兴师动众大喊"我爱你"，恨不得全世界都听到。

我觉得这玩意儿是把双刃剑，如果人家正好喜欢你，也喜欢这种方式，那多半事半功倍；如果人家不喜欢你，你还硬要让全世界都知道，仿佛你付出了那么多，她不喜欢你就是个罪人，那多半两个人都别扭。

姑娘是个土豪，包了个电影场，准备让场馆放她准备的表白视频，还拉着我们一起去见证。

我哥们儿一进门就发现不对劲，对姑娘说了句"对不起我还有事"，就先走了，剩下姑娘一人在原地凌乱。

我哥们儿前脚刚走，后脚姑娘就哭了。

我有点于心不忍就找到了我哥们儿，跟他说了事情的原委，说如果有一点动心就试试吧。

哥们儿说："抱歉。"

我说："你跟我说抱歉干吗？要说或许你该对姑娘说。"

哥们儿半晌没说话，最后说："是我对不起姑娘，如果有什么让她误会的话是我的问题，所以我不能更对不起她。如果我有一点犹豫，她一定会向着我这个火坑里跳。她喜欢的是火，可我最多只是一个灯泡，就让她觉得我铁石心肠吧。"

我无法评论对错，姑娘没有错，他也没有。

不喜欢一首歌，我们都会切歌；不喜欢一个人，或许我们都该学会拒绝。

拒绝这回事，越果断越好。无法回应的感情，就从一开始断了对方的念头，如果确信做不到那就连希望都不要给。很多时候我们都害怕拒绝别人，觉得这是一种伤害。其实不是，快刀才能斩乱麻，不吊着别人其实就是最大的善良。

你给的东西别人不要，就不要再给了，何必掏空了自己又拖累了他人；别人给的东西你实在无法回应，就不要再收了，明明不在意又何必给别人希望。

▶▶ BGM: Ellie Goulding *Love Me Like You Do*

/ 往后的日子，我们都不要辜负自己 /

ICE-CHAN：今天尽力虽然辛苦，但未来发生的都是礼物。

夏先森有詩和遠方：给自己的感情留了一个空白期。不急于找下一任来填补这段空缺。我相信一个词叫，随遇而安。我一直相信，那个正确的他一定会出现的。可能在明天，也可能会在后年。但不管怎么样，我都不会放弃去认认真真经营感情。愿所有人都被爱和能去爱。

可不搭：如果你想要早睡，那么从今晚开始就比平时早睡一个小时；如果你喜欢一个人，那就努力地追求，千万不要演独角戏；如果你想要好好学习，那么就放掉手机；如果你讨厌一个人，就避免跟他接触。我们无法改变别人，也无法改变世俗的烦扰，但至少可以让自己开心一点。

陈杏红的Faustine：看一场"五月天"演唱会。

繁华落尽散乚地浮殇：因为你，我愿成为更好的人，不愿成为你的包袱，因此发奋努力，只是为了证明我足以与你相配。

温娜娜酱：终于承认人生是确有高峰和低谷存在的，并且可以坦然接受了。这两年多都停在低迷时期，自己都讨厌那样的自己，恐怕也被人讨厌，太急着成长，急着证明，不甘心又不自信。人生路走走停停，走是成长，停也未必不是成长，无论处于什么时期，都应该接纳这样的自己。如今终于可以说，我开始喜欢现在的自己了。

Nana芊荟子呀_：你努力的样子看起来很棒。

等太阳的人95：分手两年我学会你让我唱的《征服》。我学会了你当初怎么教都不会的"斗地主"。我学会了每天抱着一本励志书来看……两年以后我发现生活学习中的自己越来越像当初的那个你，在不知不觉中。那年我最喜欢你，可是你没有让我活得像我自己。

饼饼饼饼__我要吃饼：选择了出国这一条路，曾经的最好的朋友关系疏了淡了，男朋友喜欢上了朋友，分手了，好多事情都好难。想家的时候抱着枕头歇斯底里，眼泪淋花枕头，第二天还是要打起精神去学校……想过很多次如果没有出国会怎样，可是没有如果，努力地去接受努力地成为一个坦率积极的大人，希望将来不觉得辜负了自己的青春。

南下旅店：我相信所有的不期而遇都是冥冥之中的注定并且早有伏笔。

小影影i：千言万语比不上一句唯一。

可惜我是天蝎座卍：一个人在图书馆自习的时候，一个人在操场上跑步的时候，一个人坐在食堂吃饭的时候……有时候会羡慕别人，但我知道我的坚持没有错。挂掉老妈电话后自己哭的时候，看着朋友都有了新生活的时候，我懂得有些东西说给自己听会更好。20岁以前的日子可以乱，但20岁以后的生活一定不辜负自己，加油。

Margaret_Happy：我总是下定了一万个决心说拒绝，却在你发给我那一刹那瓦解。

萌萌哒紫菜：很多人问，明明可以很安逸，为什么上了大学还那么拼命。因为比你优秀的人更努力更拼命。世界上最优秀的那些终究属于努力的人，你的每一点心酸老天都看得见。差距就时在别人坚持不下去时再坚持那么一下。有一个更好的平台的人往往缺乏斗志，你要相信，你的平凡，你的普通，你的孤独，正是老天给你宝贵的财富。

luck感谢生活：如果在大学，你的身边有一个爱在课堂上睡觉的姑娘那就娶她吧。第一，她肯定不打呼噜；第二，这样都能考上大学说明她智商高；第三，睡觉不盖被子不感冒，说明她身体好；第四，上课顾睡觉了没时间和小帅哥微信传情有木有。结论，爱睡觉的姑娘都是好姑娘，我爱睡觉但我还不够好。

bluenn：陪伴大概就是有人能够发泄，可生活却总是剥夺我们发泄的有效期。

帅气的小英宏_Rukawa：有没有想过接近一个不可能的人。突然就去喜欢他喜欢的事情，然后下一次见到他的时候就会想："也许现在离你就没有那么远了对不对？"我知道这很幼稚。也许这些只和自己有关的努力只是为了一句："hey,你也喜欢这个？""啊，我也是。"要我说，为什么喜欢一个遥远的人，因为喜欢就是喜欢了，无关距离。

小汶子在期冀：都说"陪伴，是最长情的告白"，殊不知"等待，是最漫长的告白"，我或者是边走边等他，等一些无法预计的美丽，唯愿我的词不达意可以连接到他的心领神会。

雯琳_LinerW：没有我说晚安，你也可以睡得很好。

余年疯子：我熬过漫漫长夜，路过生活的寸寸荒原，穿梭在车水马龙的街，只想有日到你身前眼里，给你看我内里揉碎了的温柔和美丽，同你说原来你竟在这里。

-苏子文Monica：那时的悲喜交加，再难过的生活终究还是一年一年过来了。越来越不奢求会再有什么所谓好事降临。因为我更愿意相信，我每一天都好好过，总有一天，我会坦然拿到我想要的。这样子，大抵就是说明，我长大了吧。

陪鹿度过漫长岁月：在我放弃英国努力申请offer申请签证努力考雅思的节骨眼，在墨尔本的男朋友居然狠心跟我说分手。那一瞬间心里很平静，我没有回复一个字，就这样冷处理掉了，因为我心里还有尊严。我只想变的更好更优秀，为了自己的未来而走下去。还是去墨尔本，还是Monash 跟他一学校。我想说，我不是为你来的，是为了我自己。

岚非mio：因为这个世界，我第一次来，也是最后一次，所以我没有理由不努力。

张凤岚：在每一个熬着夜，喝着红牛的日子里，大学是我唯一的目标，偷偷哭泣的时候，"披头士"的歌陪伴着我，就算未来再长，难得遇见一个刚刚好的人，只愿回过头来看着这个奋力前行的自己，我也可以笑着说，谢谢你，陪伴我度过的青葱岁月。

FelixandChen：总觉得我的猫喜欢你多过喜欢我，每天它叫醒我的方式是趴在我的脸上，对你却是轻轻地蹭脸蛋。我想抱着它看看电视，它却更乐意趴在你的大腿上晒太阳睡懒觉。哈哈骗你的啦，它有偷偷跑到我怀里跟我讲它更喜欢我。哈哈骗你的啦，我没有猫，也没有你。

Yelllow3：今年我大一，第一次谈恋爱，竟是和你。你爱读思浩的书，我便字字认真地去读。你喜欢什么，我就会想要多去了解一点。我说我喜欢《愿有人陪你颠沛流离》这书名，你说"我会的"。所以啊，我很想在你最爱的作者的书上出现。那个时候，你会认得出，这是我写给你的情话吗。哲雄妹妹。

谭秀娟-Hero：起风了照顾好自己，下雨了别淋湿衣裳。之后，你好好的，我慢慢走。

kiss宁宁0228：有人陪你走到终点，这固然很好，但这并不现实。现实是如果他中途下了车，那么你要学会自己陪伴自己，因为这是你成为更好自己的理由。

鹿羽Lay：你选择的东西选择的人选择的路，没有任何人能够跟你保证你以后会变成什么样子，而你唯一能够做的，就是坚定自己的选择然后为之付出努力。这世上的一切都是靠自己去争取的，只有当你走到了最后，你才会知道你最终被定义成了什么样子。别想得太多，未来那么长，盯紧眼前的目标，一步一步踏实地走就好了。

静默-前行-XX：想要的一种生活，你在一边做你的事，我在另一边做我自己的事，我们互不打扰，却彼此在一起，偶尔相视一笑，也是那么的甜蜜幸福，我想这就是我对陪伴的诠释吧，我们是独立的个体，又是一个整体。

PHOTO PROVIDED

唐　诚

高昊宸

李嫣雨

刘　晴

AUTHOR PROFILE

如果你愿意，记住我的名字，我叫卢思浩。

是个幼稚鬼，是个做大梦的傻子，是个笃信自己未来的人，是个能为一点微小的事情开心一整天的人，是个能在城市里迷路的路痴，是个妄想留住时间跟时间赛跑的人，是个熬夜控，是个妄想用不多的文字照亮这个孤单宇宙的人，是个喜欢先说大话然后去拼命实现它的傻瓜。

THANKS

感谢每个看到这本书的你，

谢谢你们一直愿意听我说话，

是你们把力量借给了我，坚定了我走下去的信念。

图书在版编目（CIP）数据

离开前请叫醒我 / 卢思浩著. — 长沙：湖南文艺
出版社，2015.6
ISBN 978-7-5404-7213-9

Ⅰ. ①离… Ⅱ. ①卢… Ⅲ. ①中国文学 – 当代
文学 – 作品综合集 Ⅳ. ①I217.2

中国版本图书馆CIP数据核字（2015）第128482号

上架建议：畅销·文学

离开前请叫醒我

作　　者：卢思浩
出 版 人：刘清华
责任编辑：薛　健　刘诗哲
装帧设计：八牛·设计　banku_zhu@163.com　❏NEW DESIGN
出版发行：湖南文艺出版社
　　　　　（长沙市雨花区东二环一段508号　邮编：410014）
网　　址：www.hnwy.net
印　　刷：北京嘉业印刷厂
经　　销：新华书店
开　　本：880mm × 1270mm　1/32
字　　数：244千字
印　　张：12.5
版　　次：2015年6月第1版
印　　次：2015年6月第1次印刷
书　　号：ISBN 978-7-5404-7213-9
定　　价：36.80元
（若有质量问题，请致电质量监督电话：010-59096394）